Tras los pasos de...
JUANA DE ARCO

A mis bonitas sobrinas, Charlotte, Sophie y Hortense
A mis buenos sobrinos, Pierre y Louis

BLUME

Título original:
Sur les traces de... Jeanne d'Arc

Traducción:
Bárbara López Alcázar

Revisión especializada de la edición en lengua española:
Bernardo Muniesa Brito
Catedrático
Facultad de Geografía e Historia
Universidad de Barcelona

Coordinación de la edición en lengua española:
Cristina Rodríguez Fischer

Primera edición en lengua española 2008

© 2008 Art Blume, S.L.
Av. Mare de Déu de Lorda, 20
08034 Barcelona
Tel. 93 205 40 00 - Fax 93 205 14 41
E-mail: info@blume.net
© 2006 Éditions Gallimard Jeunesse, París

I.S.B.N.: 978-84-9801-331-3
Depósito legal: B. 13.651-2008
Impreso en Filabo, S.A., Sant Joan Despí (Barcelona)

Tras los pasos de...

JUANA DE ARCO

JEAN-MICHEL DEQUEKER-FERGON
MAURICE POMMIER

BLUME

Tras los pasos de...
JUANA DE ARCO

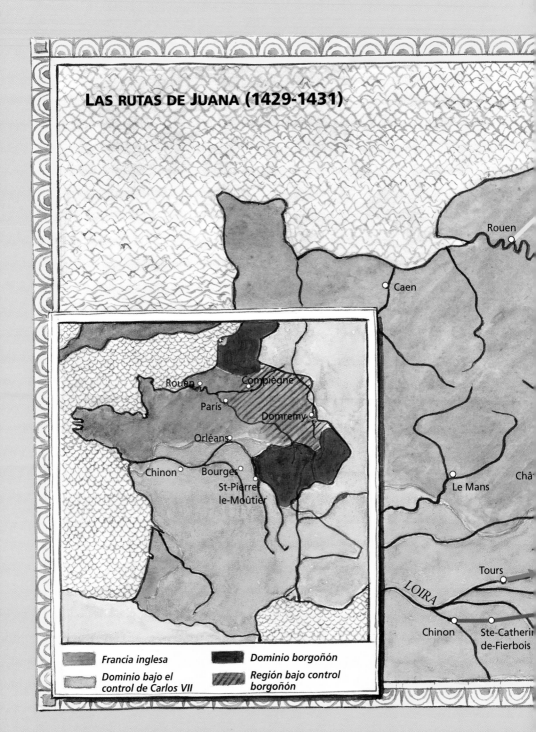

LAS RUTAS DE JUANA (1429-1431)

Rouen

Caen

Rouen
Compiègne
Paris
Domremy
Orléans
Chinon
Bourges
St-Pierre
le-Moûtier

Le Mans

Châ

Tours

LOIRA

Chinon
Ste-Catherin
de-Fierbois

Francia inglesa

Dominio bajo el
control de Carlos VII

Dominio borgoñón

Región bajo control
borgoñón

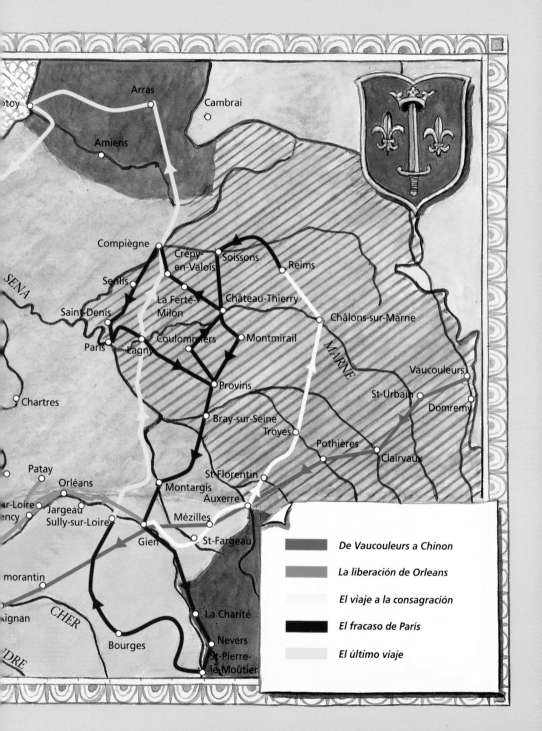

Arras
Cambrai
toy
Amiens
SENA
Compiègne
Crépy-
en-Valois
Soissons
Reims
Senlis
La Ferté-
Milon
Château-Thierry
Saint-Denis
Châlons-sur-Marne
Paris
Lagny
Coulommiers
Montmirail
MARNE
Vaucouleurs
Provins
St-Urbain
Domremy
Chartres
Bray-sur-Seine
Troyes
Pothières
Clairvaux
Patay
Orléans
St-Florentin
Montargis
Auxerre
ur-Loire
ency
Jargeau
Sully-sur-Loire
Mézilles
St-Fargeau
morantin
Gien
aignan
CHER
La Charité
DRE
Bourges
Nevers
St-Pierre-
le-Moûtier

De Vaucouleurs a Chinon

La liberación de Orleans

El viaje a la consagración

El fracaso de París

El último viaje

Yo, Pierre, hermano de Juana

Yo Pierre, caballero de la Flor de Lis, hermano menor de Juana **La Doncella** y residente actualmente en Orleans, he decidido, en este día de diciembre del año de gracia de 1455, reunir mis memorias. No soy ningún **clérigo** y mi pluma vacila, y aunque escribo con pena, por lo menos espero hacerlo con precisión, aunque tenga que invertir en ello el tiempo que me queda por vivir.

Me han interrogado a menudo. He respondido miles de veces a las preguntas de los personajes de más alta alcurnia del reino y también a las de los más humildes. He comparecido como testigo ante la justicia en muchas ocasiones, pero ahora, cuando se acerca la vejez, siento una necesidad **incontenible** de contar por fin esta sorprendente historia de la que Nuestro Señor ha querido que sea, a un mismo tiempo, testigo y actor. Actor modesto, lo confieso con mucho gusto, pero testigo privilegiado. Otros sabrían elaborar su relato más hábilmente, pero ¿quién mejor que un querido hermano con el que ha compartido las alegrías y las penas de la infancia, los entusiasmos y las decep-

La Doncella: sobrenombre de Juana que significa «joven virgen».
Clérigo: persona instruida.
Incontenible: contra lo que no se puede luchar.

ciones de una aventura que considero única en su género, para rendir cuentas más precisamente de las andanzas de Juana?

Tras todos estos años una pregunta me obsesiona, una pregunta que atormenta cada uno de los días de esta existencia que se me ha permitido vivir. ¿Por qué Juana? ¿Por qué la eligió el Señor para cumplir sus **propósitos?** Nuestra familia era una simple familia de **campesinos** que vivía **en los confines** del **condado de Bar**, que desconocía los asuntos de guerra y política. Dios, yo lo sé, conoce a cada una de sus criaturas. El más pobre de los seres humanos no es para él menos digno de amor e interés que el más poderoso, como demostró al presentar a su hijo primero a unos simples pastores. Pero ¿por qué Juana? ¿Por qué mi pequeña Juana, entre tantos otros? Mi hermana era una niña feliz, compartía todos nuestros juegos, era servicial y **devota.** Incluso a veces nos mofábamos afectuosamente de ella: siempre en la iglesia, siempre **confesándose...** Ninguno de nosotros habría imaginado lo que iba a pasar. Ella misma no nos habló hasta bastante tiempo después de esa voz que oía y que iba a decidir su destino.

Me acuerdo de aquella **profecía**, que llegó no sé cómo hasta nuestro pueblo. Me contaron más tarde que fue pronunciada por una campesina que

Propósito: aquello que se quiere conseguir.
Campesino: que vive y trabaja en el campo.
En los confines: en la frontera.
Condado de Bar: región de la Lorena (este de Francia) que dependía de la corona francesa.
Devoto: que practica la religión.
Confesar: en la religión católica, explicara a un sacerdote los pecados cometidos.
Profecía: anuncio de lo que pasará en el futuro.

venía de las regiones montañosas del sur de Francia, antes de que naciéramos mi hermana y yo. Decía que Francia sería salvada por una virgen de la **marca** de Lorena. Un día, Juana me lo contó, un poco antes de la liberación de Orleans y sin detenerse demasiado.

La historia ya era sin duda antigua. Pero la voz que **ordenaba** a Juana levantar el asedio de Orleans, llevar al rey **Carlos** a **consagrarse** en Reims, y **expulsar** a los ingleses fuera de Francia era mucho más precisa...

Hoy, todos estos acontecimientos parecen lejanos, incluso la **guerra** parece una vieja historia. Cuando veo los barcos remontar lentamente el Loira, cuando en verano mi trigo se dora lentamente bajo el sol, me cuesta creer que realmente hubo una época de pillaje y muerte, de humaredas negras en el horizonte que significaban incendio y destrucción, del miedo que nos obligaba a huir de Domremy para buscar refugio tras los muros de Neufchâteau. He olvidado también el furor de los combates en los que participé, los gritos que nos animaban al asalto, los lamentos de los agonizantes, la putrefacción de los cadáveres en el campo de batalla, el olor a carroña y sangre, y la paja de los calabozos. Nuestro rey venció y Francia quedó libre de ingleses.

Para mí, la guerra terminó en el año de gracia de 1449, cuando el rey Carlos hizo su entrada solemne en Rouen. La

Marca: zona fronteriza.
Ordenar: mandar.
Carlos: Carlos VII, rey de Francia de 1422 a 1461.
Consagrar: conferir un carácter divino al rey mediante una ceremonia religiosa en la que se utiliza aceite santo.
Expulsar: echar.
Guerra: se refiere a la Guerra de los Cien Años (*véanse* págs. 18 y 19).

ciudad recobrada fue la que vengó a mi hermana. La presencia del rey en Rouen terminaba con la misión inaugurada por la liberación de Orleans.

¿Acaso no debo decir también que nuestro soberano cambió su actitud? Desde la consagración en Reims, ya no parecía preocuparse de la suerte de aquella ciudad que le hizo rey. He tardado mucho tiempo en comprender que los **imperativos** de la política prudente que quería seguir le habían hecho temer las **vehementes** ofensivas de Juana. Sin embargo, a duras penas consigo aceptar, todavía hoy, por qué no hizo todo lo posible para sacarla de la cárcel y salvarla de la **hoguera**. ¿Creyó los chismorreos de los ingleses,

Imperativos: obligaciones.
Vehemente: impetuoso, enérgico.
Hoguera: pira de madera sobre la que se quemaba a los condenados.

que pretendían que mi hermana les hubiera pedido perdón a ellos y a sus aliados borgoñones?

No estoy diciendo que la abandonara, sino que no supo salvarla.

No obstante, después de su estancia en Rouen —sin duda porque entonces le explicaron cómo se desarrolló el juicio—, comprendió hasta qué punto Juana se mantuvo fiel y el rey decidió iniciar una investigación. Por primera vez mi familia y yo supimos que por fin se haría justicia. ¿Era Carlos incapaz de reconocer que la condena de Juana fue **ignominiosa** y cruel?

Desde entonces, se invirtieron grandes esfuerzos para conseguir que el asunto llegara a buen

Ignominioso: injusto.

término. Primero era necesario que la Iglesia, que había procedido a la condena, aceptara reconsiderar el asunto. El nuevo **legado** del Papa, Guillaume d'Estouteville, se dedicó a ello con un celo por el que nuestra familia le estará eternamente agradecida. Interrogó de nuevo a todos los testigos, consultó a **teólogos** y, en resumen, permitió que se abriera un nuevo proceso.

Por fin, el pasado 7 de noviembre llegó el gran momento en la catedral de Notre-Dame de París. Nunca antes había visto semejante multitud, por lo menos desde el día en que nuestro rey fue coronado en Reims, con Juana a su lado. Esta vez era sólo por ella que el pueblo se apiñaba bajo la bóveda de la gran iglesia. Tras tantos años, su nombre bastaba para reunir a una multitud.

Legado: embajador.
Teólogo: que estudia las cuestiones religiosas.
Nave: en una iglesia, parte situada entre el pórtico y el coro.

Muchos de los habitantes de Orleans manifestaron el deseo de acompañarnos a mi madre, Isabelle Romée, a mi hermano y a mí, así que por la **nave** avanzaba un gran cortejo.

La gente sólo tenía ojos para mi madre: vestida de luto, marchitada por los años, cargada de sufrimientos que el tiempo jamás podría curar y extenuada por el viaje. Jean y yo la sosteníamos, casi la llevábamos, y, aunque no veía muy bien, clavó la mirada en los comisarios designados para dirigir el proceso. Cuando pudo hablar, pronunció con voz firme las palabras que harían llorar a más de uno y que aún hoy me hacen saltar las lágrimas:

—Tuve una hija, nacida de un matrimonio legítimo, educada en el temor de Dios y el respeto a la tradición de la Iglesia, tanto como lo permitía su edad y la sencillez de su condición. Aunque creció entre campos y pastos, frecuentaba la iglesia habitualmente y recibía cada mes, después de la confesión, el sacramento de la **eucaristía** a pesar de su corta edad. Sin embargo, pese a que nunca pensó, concibió ni hizo nada que la pudiera alejar de la fe o contradecirla, algunos enemigos han convertido este asunto en un proceso contra su fe y [...], sin el amparo de la ley, la han condenado de una manera **execrable** y criminal y la han hecho morir de una manera cruel en la hoguera...

Siguió un largo silencio, durante el que me pareció advertir en la mirada de los tres comisarios (el arzobispo de Reims, Jean Juvénal des Ursins, el obispo de París, Guillaume Chartier, y el obispo de Coutances, Richard Olivier) una comprensión paternal que hoy me permite, mientras escribo estas líneas, creer que esta vez nuestro caso llegará a buen puerto y finalmente la condena de Juana será declarada **nula y sin efectos**.

Por todo ello, inicio este relato con el corazón en paz.

¡Que el Señor me ayude a encontrar las palabras adecuadas! ¡Que pueda concederme una ínfima parte de esa seguridad **inquebrantable** con la que

Eucaristía: celebración durante la que los católicos reciben la hostia.
Execrable: que merece el infierno.
Nulo y sin efectos: declarado no válido.
Inquebrantable: que nadie puede hacer que cambie.

antaño agració a Juana! Aún hoy sigo **perplejo** ante las respuestas, tan certeras y precisas, que supo dar a todos los que la cuestionaban. Pero yo, Pierre, pobre mortal sin mérito, hombre de pocas entendederas, ¿seré capaz de desenredar la madeja de una historia que algunos ya quieren convertir en leyenda?

Perplejo: que no sabe qué pensar.

LA GUERRA que empezó en 1337 simplemente volvía a poner de actualidad una vieja querella de naturaleza económica y feudal entre Francia e Inglaterra. En esta ocasión, el rey Eduardo III de Inglaterra reclamaba nada más y nada menos que la Corona de Francia.

La guerra civil

A principios del siglo XV, la guerra civil se suma a la guerra contra los ingleses. Se originó con el asesinato, el 23 de noviembre de 1407, del duque de Orleans a manos de su primo, Juan sin Miedo, duque de Borgoña.

Se formaron dos frentes (armagnacs y borgoñones) que iniciaron una cruenta guerra y esquilmaron el reino.

La batalla de Azincourt

En 1415, el rey Enrique V de Inglaterra desembarcó en un debilitado reino de Francia, aplastó al ejército francés y diezmó a la nobleza en la batalla de Azincourt.

El asesinato de Juan Sin Miedo

La amenaza inglesa se hizo acuciante, de modo que el duque de Borgoña intentó acercarse al delfín Carlos, proclamado recientemente regente del reino. El 10 de septiembre de 1419, durante la reunión de Montereau, un hombre del delfín hirió de muerte a Juan sin Miedo.

Carlos VII (1403-1461)

Asesinato de Juan sin Miedo en Montereau

El Tratado de Troyes

El nuevo duque de Borgoña no podía tratar con el asesino de su padre, así que decidió negociar con el rey de Inglaterra. Isabel de Baviera, reina de Francia, participó en estas reuniones, que concluyeron con el Tratado de Troyes (1420), según el cual el rey de Inglaterra heredaría el trono de Francia cuando Carlos VI muriese.

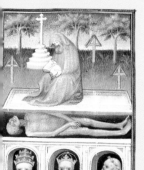

66 Me cuesta creer que realmente hubo una época de mucho pillaje y muerte... 99

Los funerales de Carlos VI

La muerte de Carlos VI
Rey durante más de cuarenta años y enfermo desde hacía décadas, el rey Carlos VI murió en 1422. Según dicta la tradición; su cuerpo se llevó en procesión hacia la abadía de Saint-Denis. En el cortejo aparece el duque de Bedford, que en adelante administrará el reino de Francia como regente, en nombre del joven rey de Inglaterra, Enrique VI.

La presencia obsesiva de la muerte

La muerte
Hambruna, peste y guerra: la muerte amenaza sin cesar y su obsesiva presencia se refleja en el arte de los siglos XIV y XV, en el que se multiplican las representaciones de cadáveres y esqueletos.

Pillajes Tanto para los campesinos como para los habitantes de las ciudades, el pillaje, la muerte y la violación eran amenazas permanentes.

Escena de pillaje

Infancia

La vejez es sorprendente. Los recuerdos de la infancia deberían difuminarse, pero pasa justo lo contrario: se hacen más concretos. Reaparecen en el momento en que menos lo esperamos y sin motivo aparente. A veces nos equivocamos por querer interrogar al pasado en exceso y corremos el riesgo de confundirnos y que la verdad termine escondiéndose. Lugares o fechas se mezclan y creemos haber vivido un acontecimiento que otros nos han contado.

Me veo en la iglesia de Domremy, entre mis padres, mi hermano mayor, Jacquemin, detrás de mí, con su mano sobre mi hombro. La escena se desarrolla poco después de la llegada al mundo de mi hermana, nacida —mi madre, como yo, lo considera una señal— el día de la **Epifanía** de nuestro señor Jesucristo. Nos reunimos para su bautismo, en presencia de sus padrinos y madrinas.

¿Es exacta esta imagen? Mi madre dice que en aquella época yo no tendría más de diez años (quizá menos) y que siendo tan pequeño no podría recordarlo. Por lo tanto, según ella debo

Epifanía: fiesta que conmemora la llegada de los Reyes Magos venidos para adorar al niño Jesús.

recordar otro bautizo y no el de Juana. Juraría lo contrario, pero debo admitir que, familia o vecinos, siempre eran los mismos los que se reunían en la iglesia para las ceremonias religiosas. Nuestra comunidad no era muy grande y nuestro padre, hombre justo y respetado, tan buen cristiano como mi madre, era a menudo requerido para ser **testigo** o padrino. Los habitantes acudían a él incluso cuando se trataba de defender los intereses del pueblo.

Todos los habitantes de Domremy que los conocieron lo podrán acreditar: Jacques e Isabelle, mis padres, eran personas de buena reputación. No tenían una gran fortuna, aunque la propiedad de campos de trigo, prados y algunos árboles confería a nuestra familia un **acomodo** razonable. Eran personas sencillas, temerosas de Dios y los santos, nunca dejaban de **dar limosna** y de ayudar al prójimo en una época en la que había mucha miseria y abundaban los **vagabundos**. Vivíamos en una sólida casa de piedra que dejábamos abierta a los extranjeros que estaban de paso. Recuerdo que Juana siempre quería dejar su cama a nuestros huéspedes y, cuando la pobreza les había guiado hasta nuestro hogar, dormía bajo la **repisa** de la chimenea.

A mi hermana le gustaba, más que cualquier otra cosa, escuchar las historias de la gente que estaba de paso. No

Testigo: persona que asiste a una boda para certificar que realmente se ha producido.
Acomodo: con recursos económicos.
Dar limosna: hacer un donativo a los pobres.
Vagabundo: errante.
Repisa: reborde de la chimenea encima del hogar.

conocíamos casi nada del vasto reino y de las **tribulaciones** de la guerra y no sabíamos mucho más de lo que el sacerdote nos explicaba los domingos en el **sermón**. Sin embargo, los viajeros nos describían lugares desconocidos y nos contaban los últimos acontecimientos que, desgraciadamente muy a menudo, ensangrentaban el bello país de Francia. Los escuchábamos al caer la noche, durante largas veladas, mientras mis hermanas Catherine y Juana hilaban la lana o cosían y mi padre reparaba sus herramientas.

Así pasaron los años de nuestra juventud, al ritmo de las estaciones. A veces, Juana nos acompañaba a mi padre y a mí a los campos y conducía los rebaños por los prados. En verano trabajábamos todos juntos en la cosecha.

No hay escuela en Domremy, pero nuestra madre nos enseñó a todos el *Pater Noster*, el *Ave Maria* y el *Credo*. Como todos, Juana iba a la iglesia, y por las noches, cuando oía las campanas tocar a **completas**, nunca dejaba de arrodillarse y rezar. Los sábados, más que cualquier otro, corría a la **ermita** de Notre-Dame de Bermont, a veces con Catherine, para encender una vela en honor a la Virgen María. Juana, al igual que nuestra madre, se preocupaba por todos, reconfortaba a los enfermos y daba limosna a los pobres.

Tribulación: adversidad, prueba.

Sermón: parte de la misa dicha en lengua propia del país.

Pater Noster: nombre latino del Padre Nuestro.

Ave Maria: nombre latino del Dios te salve María.

Credo: «yo creo» en latín. La primera palabra de la profesión de fe de los bautizados, pronunciada en el momento del bautizo y repetido cada domingo.

Completas: último oficio de rezo del día para los curas.

Ermita: lugar habitado por un ermitaño, un religioso que dedica su vida a Dios en soledad.

Simplemente, Juana era piadosa, de una piedad quizá propia de alguien de más edad. Era más solitaria que la mayoría de los jóvenes, pero ello no le impedía compartir con nosotros juegos y fiestas. Cada año, el domingo de **Laetare** nos reuníamos niños y niñas en el árbol de las Hadas y en la fuente de de las Lluvias. Las niñas adornaban las ramas del árbol con guirnaldas, comíamos, bailábamos y cantábamos bajo su **follaje** antes de ir a beber a la fuente. Durante su proceso, los jueces de Juana quisieron ver en esto un acto vulgar de brujería o la voluntad de entregarse a ella. Por mi parte, no tengo más recuerdo que el de juegos y diversiones compartidas. Sigo creyendo que los sabios perciben la presencia de la mano del Diablo o del mal en más ocasiones de las que realmente se presentan.

Generalmente no nos faltaba de nada, lo teníamos todo para ser felices: comíamos tanto como queríamos e incluso condimentábamos la sopa con un poco de tocino en más ocasiones que la mayoría. Con todo, estábamos en guerra, esa guerra tan larga que ya nadie sabía decir desde cuándo duraba, una guerra tan confusa que nadie creía que fuera a terminar.

En Domremy sólo había un borgoñón. Aún me acuerdo de su nombre, se llamaba Gérardin.

Cuando lo veíamos, Juana me lo confesaba a veces, disimulando la cólera, que le habría gustado verlo decapi-

Laetare: cuarto domingo de cuaresma.
Follaje: frondosidad.

tado, añadiendo rápidamente «si es el deseo del Señor», porque sabía bien que Gérardin no haría daño a nadie. Sólo tenía contra él, el hecho de no querer a su rey como es debido.

A veces, la violencia llegaba hasta nuestro hogar. Algunas personas del pueblo se enfrentaban a los de Maxey: llovían golpes y más de uno regresaba a casa herido, con la cara ensangrentada. Sin embargo, lo peor eran las bandas de soldados que recorrían el país. Los caminos nunca eran seguros. En más de una ocasión tuvimos que refugiarnos urgentemente junto al ganado en un lugar que alquilábamos, llamado «La isla», el único de Domremy que estaba un poco fortificado. Un día, una de esas bandas quemó la iglesia, obligándonos con ello a ir hasta Greux para asistir a los oficios religiosos. Greux y Domremy están muy cerca, pero a todos se nos rompió el corazón, sobre todo a Juana.

No recuerdo muy bien cuándo sucedió esto, igual que tampoco sé muy bien cuándo decidió Juana que un día partiría para reunirse con el rey. Sí recuerdo el día en que iba a devolver una yegua a un vecino que nos la había prestado. Me encontré con Juana, por aquel entonces era sólo una niña, y me pidió que la ayudara a montar al animal. En aquella época sólo la había visto a caballo detrás de nuestro padre, nunca sola. Tan pronto se agarró a la montura, una yegua de sólidas ancas, partió al galope, agarrándose a las crines, sin caerse y riendo a carcajadas mientras yo temía que se hiciera daño o que me cayera una **reprimenda** por haberla dejado montar. Juana volvió enseguida al trote, con el rostro encendido de gozo, y el brazo alzado como si llevara un **estandarte**, del mismo modo que la vería tantas veces más adelante, cuando cabalgamos juntos.

—Hermano, ¿no es cierto que es justo que nuestro rey tenga su reino?

—¿Qué quieres decir, Juana?

—Pues simplemente lo que he dicho. Que en el reino de Francia hay una gran piedad por Dios.

¿Ya había tomado la decisión? Hoy estoy convencido de ello, pero en aquellos años, ninguno

Reprender: regañar.
Estandarte: bandera.

de nosotros habría imaginado que ya albergaba la idea de su misión. En Domremy, Juana nunca nos habló de esa voz que ya la gobernaba. Fue más adelante cuando me confió que la oía desde los trece años. La primera vez pasó mucho miedo, era en verano, en el jardín de nuestros padres. Una gran claridad iluminó el lugar y la voz le habló por primera vez.

¿Por qué no nos dijo nada? Los años me han convencido de que ese es un tipo de experiencia que no se comparte. A juzgar por lo que dijo Juana después, también a sus jueces, tenía buenos motivos para justificar su silencio. Primero, el miedo y la incomprensión ante lo que le estaba pasando y después sus preguntas sobre el sentido y el origen de esta extraña voz que sólo ella oía. Quizá también el deseo de no romper ese misterioso lazo, sin duda el temor de no ser tomada en serio, de suscitar la **reprobación** y, por último —desde el momento en que Juana comprendió cuál era su misión—, la voluntad de esconder sus proyectos a nuestros padres, ya que no habrían dudado en intentar impedir la realización de su misión.

Reprobación: censura.

No obstante, la determinación de Juana se hizo patente. Un día nos contó a nuestro hermano Jean y a mí sus proyectos. En ese momento, no dijimos nada, pero ya presentimos su deseo de partir. Nuestro padre nos confesó a menudo sus inquietudes: había soñado que Juana se iría con unos soldados y por ello nos pidió que la vigiláramos, que la tuviéramos **controlada**, y añadió (todavía me acuerdo de sus palabras):

—Si llego a saber que esto iba a pasar, habría preferido que la ahogárais y, si vosotros no pudiérais hacerlo, la habría ahogado yo mismo.

Controlar: someter a una autoridad.

Dificultad: peligro, trampa.

Lo entendíamos. ¿Cuál podría ser la suerte de una mujer entre soldados? Probablemente el deshonor. No podíamos saber que Dios la guiaría entre las **dificultades**.

LOS CATÓLICOS DE OCCIDENTE son conscientes de pertenecer a una misma comunidad bajo la autoridad del Papa de Roma. Tanto en España como en Francia o Alemania se celebran las mismas fiestas religiosas y los mismos ritos que marcan la vida de los fieles. Por ello, el catolicismo es la base de la moral y la sociedad por excelencia.

La parroquia

Constituye el marco en el que se llevan a cabo los grandes acontecimientos de la vida y sobre todo las obligaciones religiosas. La parroquia tiene como centro la iglesia, lugar de culto y de reunión: el cura celebra la misa, instruye a los fieles en la fe cristiana y los informa de las novedades del reino.

Ser un buen cristiano

Bastan unas pocas obligaciones para definir al buen cristiano: saber de memoria el *Pater* y el *Credo*, asistir a misa el domingo (el día festivo), respetar los ayunos descritos por la Iglesia, confesarse anualmente y comulgar en Pascua.

Una nueva piedad

Juana de Arco, como otros fieles, se definía por una piedad más interiorizada, que demostraba su predilección por la oración, sobre todo en solitario. Le gustaba pronunciar el nombre de María y Jesús. Además, se confesaba y comulgaba a menudo.

El santo sacramento

A finales de la Edad Media, la religión otorgaba gran importancia al santo sacramento. Los sacerdotes elevaban la hostia durante un momento para que todos los fieles pudieran verla y adorar la repesentación concreta del cuerpo de Cristo. Grandes aglomeraciones de gente se presentaban también a las procesiones de la fiesta del Señor, que tenía lugar cada año después de Pentecostés.

> **66** Como todos nosotros, Juana era temerosa de Dios y los Santos, pero sin duda, iba más a la iglesia. **99**

El retablo de los siete sacramentos
(Rogier de la Pasture)

Los siete sacramentos

Este retablo representa los siete sacramentos de la religión católica: bautizo, confirmación y penitencia a la izquierda, eucaristía en el centro, ordenación, matrimonio y extremaunción a la derecha. El conjunto se ordena según una progresión que da cuenta de las sucesivas etapas de la vida humana, que se destacan con la evolución de colores (del blanco al negro) de los ropajes de los ángeles. El sacerdote eleva la hostia en el eje de la crucifixión, para recordar el sacrificio de Cristo: «Éste es mi cuerpo, que será entregado por vosotros».

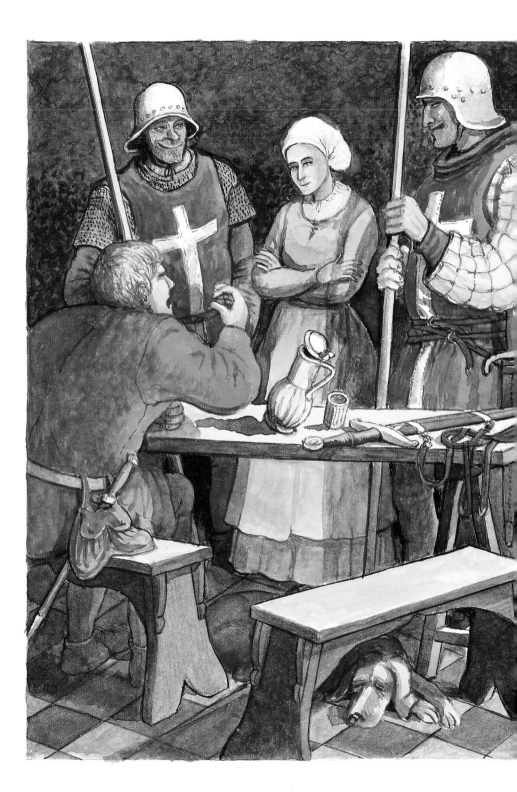

Los últimos meses en Domremy

Finalmente, llegó el día en que Juana se fue. Recuerdo verla desde un campo en el que yo estaba trabajando, vestida con **saya** y **cota** rojas. Ella iba por el camino, al lado de nuestro tío Durand Laxart. Me saludó con la mano. **Pretextó** ante nuestros padres que iba a ayudar a mi tía, que en ese momento estaba a punto de dar a luz.

Debo admitir que todavía hoy me asombra el **aplomo** que demostraba. Ella, una joven y sencilla aldeana, se presentaba ante el capitán de la ciudad de Vaucouleurs, Robert de Baudricourt, para decirle que era una enviada de Dios y **solicitarle** que tuviera a bien llevarla o hacerla llevar ante el **delfín** para guiarlo hasta Reims y hacer que fuera consagrado. ¿No es acaso esto prueba de una audacia y confianza en sí misma de la que pocos hombres pueden hacer gala? Sin duda, el Señor Robert se sorprendió, puede que incluso se irritara y la **despidió** aconsejando a nuestro tío que la hiciera entrar en razón a cachetes y que la llevara a su casa. Sin embargo, no conocía la determinación de Juana y ella no tardaría en mostrársela. Pero por el momento debía

Saya: especie de túnica.
Cota: equivalente medieval de la falda actual.
Pretextar: simular, explicar.
Aplomo: gran confianza en sí misma.
Solicitar: pedir.
Delfín: heredero de la corona de Francia. Juana llama así a Carlos VII porque todavía no había sido coronado.
Despedir: rechazar.

regresar a casa, donde fui testigo del descontento que le manifestaron tanto mi padre como mi madre.

En esta época se produjo un **recrudecimiento** de la violencia. Por prudencia, un día, tuvimos que marcharnos de casa e ir hasta Neufchâteau. Se decía que el gobernador de Champagne, Antoine de Vergy, había recibido la orden de asediar Vaucouleurs, el único pueblo que por fidelidad al rey se negaba obstinadamente a someterse a los ingleses. Sólo se podía esperar lo peor. Cabía la posibilidad de que los soldados sometieran a la región a sangre y fuego. Aconsejados por mi padre, los habitantes del pueblo nos acompañaron y de esta guisa, hombres y ganado, nos pusimos en camino dejando atrás, dentro de las casas, lo esencial de nuestros escasos bienes.

Recrudecimiento: incrementar, aumentar algo que había empezado a ceder o remitir.
Misericordia: piedad, perdón.

En Neufchâteau estuvimos en casa de una mujer llamada *La Rousse*. Juana la ayudaba en la cocina y las tareas del hogar, prodigándose en cuidados con aquellos que, demasiado mayores o preocupados, se dejaban vencer por el miedo. Sin decirlo, temíamos encontrar el pueblo incendiado o saqueado a nuestra vuelta. ¿Qué sería de nosotros en ese caso? La **misericordia** del Señor quiso que no fuera así.

En caso de ser necesario, esos días pasados con inquietud en casa de *La Rousse* habrían reafirmado a Juana en su determinación de partir. Pero ella no dudaba de su misión, del mismo modo que mis padres no dudaban de

que ella volvería a Vaucouleurs para intentar de nuevo doblegar a Robert de Baudricourt. En más de una ocasión los sorprendí, durante las largas veladas del último invierno que Juana pasó en Domremy, mirándola a hurtadillas, como si intentaran adentrarse en su mente y captar mejor cuáles eran sus intenciones en ese momento. Mientras, Juana hacía como si nada: hablaba, cosía, reía y atizaba el fuego de la chimenea. Cuando un viajero venía en busca de hospitalidad, ella lo acosaba a preguntas, quería saber, ante todo, los acontecimientos que sucedían en Francia, y la situación militar. Siempre había sido así.

¿Era más curiosa que nosotros? Juana tenía facilidad de palabra y yo, en cambio, nunca he sabido explicarme con soltura de la manera en que ella lo hacía. Era como si las palabras le vinieran de manera **innata**. Retenía todo lo que le decían, sabía repetirlo oportunamente y nunca le faltaban ideas. Incluso nuestro sacerdote era menos ocurrente que ella. Los días que precedieron a su partida, alternaba discursos inflamados con largos períodos de silencio. La impaciencia traicionaba su estado de ánimo, inquieta como una yegua en la caballeriza, y en ocasiones se mostraba poco amable en casa.

Esto podría explicar por qué a nuestros padres no les habría desagradado verla casada cuanto antes. Si se hubiera presentado la ocasión, habrían permitido que el asunto terminara rápidamente… Y la ocasión llegó. Había un muchacho de los alrededores, ya no recuerdo su nombre, que se había prendado de mi hermana. Creo que ella nunca había hablado con él, ya que casi nunca hablaba con muchachos, ni siquiera en los días de fiesta. Sin embargo, el **pretendiente** creyó que había ganado su mano y cuando comprendió que no significaba nada para ella, por despecho, la citó ante el tribunal del **provisorato** en Toul. Juana no tuvo dificultades para demostrar que nunca prometió nada a ese hombre, y que en consecuencia no había podido traicionar su palabra.

Sin embargo, ¿no es sorprendente constatar que ya en ese año se encontró ante un juez para responder de sus actos y palabras? Jamás le conocí ni **ardid** ni malicia alguna, sé de la rectitud de su corta

Innato: natural, propio.
Pretendiente: hombre que quiere casarse con una mujer.
Provisorato: tribunal eclesiástico.
Ardid: treta, engaño.

existencia, de modo que parece incomprensible que el destino de Juana fuera rendir cuentas de sus actos ante los tribunales. ¿Sólo puede recaer la sospecha sobre las almas puras?

He prometido decir la verdad. No puedo, en consecuencia, esconder que yo también he dudado. He dudado de las razones que llevaron a Juana a querer partir de Domremy. Catherine, nuestra hermana mayor, acababa de morir **dando a luz** y Juana estaba desesperada. Yo me preguntaba si su rechazo al matrimonio se debía a que tenía miedo a los hombres o al alumbramiento. ¿No entra dentro del orden de las cosas casarse? En ese momento no comprendía que la voz le dictaba a mi hermana otra conducta. Es cierto que yo tendía a considerarla **exaltada**, a pesar de quererla como se puede querer a la más pequeña de la casa.

Dar a luz: parir.
Exaltado: muy excitado.

La naturaleza creada por Dios quiere que las mujeres den a luz, pero ¿acaso Dios todopoderoso no puede elegir asignar otra misión a una de sus criaturas? Un día Juana me confió que en las semanas precedentes a su partida (definitiva en esta ocasión), esperaba lanzarse a su aventura con la impaciencia de una mujer embarazada. Tales son las palabras que pronunció, las recuerdo con exactitud.

Este es para mí un gran misterio. Es como si Dios hubiera suscitado en ella un extraño instinto maternal que no pasaba por el nacimiento de una criatura, sino por la partida del hogar familiar, por asumir el mando de un ejército y por la guerra, asuntos habitualmente propios de los hombres. Todavía hoy me pregunto sobre el sentido de esa **elección**. Cada vez creo más firmemente que Dios está del lado de los humildes más que del lado de los grandes, del lado de aquellos que no pueden ni saben más que los poderosos y los sabios, y quizá, de las mujeres del pueblo más que de los señores de la corte.

También sé que el arcángel Gabriel anunció a María la llegada de Cristo, «Nuestro Señor, el Rey de todo el mundo» como a Juana le gustaba llamarle. Un día, un clérigo, un sabio teólogo, me hizo caer en la cuenta de que del mismo modo que la Bienaventurada Virgen María había redimido las faltas de la pecadora Eva, mi hermana Juana había recibido la misión de salvar la Corona de Francia, que desgraciadamente la reina **Isabel** tuvo que ceder a los ingleses. A los hombres de la Iglesia les gustan este tipo de comparaciones, pero no siempre sé cómo entenderlas.

Los mismos que hoy alaban los méritos y virtudes de Juana ¿no encontraron ayer otros tantos argumentos para condenarla, con el pretexto de que se vestía como un hombre? ¿Acaso no la han quemado por **hereje**?

Elección: aquí, elección de Cristo.

Isabel: reina de Francia, esposa de Carlos VI y madre de Carlos VII.

Hereje: persona que defiende una doctrina que se aleja de la fe católica.

A MENUDO se reducía a la mujer a dos figuras: la de la pecadora Eva y la de María, madre de Cristo. Sometida a la custodia del padre primero y del marido después, contribuía a la economía doméstica y educaba a los hijos. Con todo, tenía un papel considerable en la sociedad, como viuda, como religiosa, e incluso como artista o mujer de letras.

Mujeres en los campos

El trabajo de las mujeres

Adán labrando, Eva hilando: esta división de las tareas que nutre las representaciones colectivas solamente corresponde en parte a la realidad. Las mujeres también participaban en los grandes trabajos agrícolas como la cosecha, según atestigua la rica iconografía medieval. Sin embargo, los trabajos domésticos ocupaban gran parte de su tiempo. Durante la infancia, todas las niñas se ejercitaban en el manejo de la rueca antes de aprender, algunas de ellas, el oficio de tejedora. Juana, durante su juicio, declaró: «No temo a las mujeres de Rouen por hilar y coser».

Escena de un nacimiento

Mujeres tejiendo

La fecundidad

Izquierda: los padres, desnudos excepto por el tocado en su cama, reciben a su hijo de manos de la Santa Trinidad (el Padre, el Hijo y el Espíritu Santo representado por la paloma). Es una manera de celebrar la fecundidad del matrimonio bajo la protección de Dios.

> **❝ Catherine, nuestra hermana mayor, acababa de morir dando a luz y Juana estaba desesperada. ❞**

Los recién nacidos

Despúes de nacer, vendaban fuertemente al niño, de modo que sus miembros quedaban inmovilizados. En raras ocasiones cambiaban a los recién nacidos y la higiene era mediocre. Esto explica en parte que en aquellos años la mortalidad infantil fuera tan elevada. En cuanto a las mujeres, a menudo morían en el parto.

Mujer pintando su autorretrato

Un papel en el arte y la cultura

Con la ayuda de un espejo, una mujer (a la derecha) pinta su autorretrato. El arte se ve aquí enfocado a la intimidad. Otras mujeres, siguiendo el ejemplo de Christine de Pisan, se imponían como grandes escritoras.

La partida de Vaucouleurs

El invierno siguiente, en el año de gracia de 1429, Juana se fue. Durante un mes no supimos nada de ella. Poco a poco, gracias a declaraciones de testigos, pudimos recomponer, en capítulos, su historia y más tarde ella misma nos contó lo que no sabíamos.

Por segunda vez Robert de Baudricourt la despidió sin miramientos, pero Juana no cejaba en su empeño. Encontró alojamiento con una familia de Vaucouleurs y nunca dejó de hostigar a quien fuera necesario. Era preciso, repetía, que se viera con el rey antes de **mediados de cuaresma**. Su obstinación prevaleció, porque consiguió convencer a nuestro tío, Durand Laxart, y a un habitante de la zona de que le compraran un caballo. Incluso los persuadió para que se unieran a ella en esta aventura, de modo que la pequeña tropa se puso en camino. Pero al cabo de unas pocas **leguas**, Juana se **echó atrás** y dio media vuelta.

Explicó que aquella no era la manera más adecuada de alejarse.

Mediados de cuaresma: media cuaresma, jueves de la tercera semana de cuaresma.
Legua: unos 4 km.
Echarse atrás: cambiar de opinión.

Fue una decisión afortunada, ya que nos podemos imaginar lo que les habría pasado a tres campesinos vagando por unos caminos infestados de soldados y bandoleros. Pero no temían eso cuando desandaron el camino: simplemente Juana fue consciente de que era necesario dar más esplendor a su empresa. ¿Habría aceptado el rey recibir al pequeño grupo sin ninguna recomendación?

Sin embargo, la fama de Juana empezaba a extenderse por la región. Un día, recibió un **salvoconducto** del duque de Lorena para que pudiera ir a visitarlo a su castillo de Nancy. Creo que esperaba que mi hermana le diera algún remedio para recuperar su diezmada salud, pero puedo atestiguar que Juana jamás pretendió tener poderes de curandera, igual que en ningún momento pretendió ser una **profetisa**. Cuando se encontró ante el duque, se conformó con **sermonearle** sobre su conducta, ya que todo el mundo en la región sabía que monseñor el duque había arrinconado a su mujer por una joven con la que había tenido varios **bastardos**. No tuvo suficiente con darle una lección si no que, además, le pidió una **escolta** para unirse al delfín... El anciano hombre no la escuchó. Seguro que le pareció una campesina muy **impertinente**.

A pesar de todo, Juana empezaba a ganarse la amistad de aquellos que pronto se convertirían en sus compañeros de viaje. El primero fue Jean de

Salvoconducto: autorización, pase.
Profeta: persona que anuncia lo que pasará en el futuro.
Sermonear: reprochar.
Bastardo: infante nacido fuera del matrimonio.
Escolta: tropa de acompañamiento.
Impertinente: insolente.

Metz, por aquel entonces **escudero** del señor Robert. La había acompañado a Nancy y le prometió, con un apretón de manos a modo de fe jurada, que la llevaría ante el rey.

—¿Cuándo queréis partir? —le preguntó.

—Mejor ahora que por la mañana y mejor mañana que más tarde —respondió Juana, siempre impaciente por empezar el viaje.

Al lado de Juana también estuvo Bertrand de Poulengy, conocido como *Colet de Vienne* (mensajero real acostumbrado a hacer la ruta de Vaucouleurs a **Chinon** y conocedor de todas las trampas y **emboscadas**) y un tal Richard Larcher. A todos ellos hay que añadir los dos sirvientes de los señores, Jean y Bertrand. En total, una media docena de hombres para cruzar una Francia ocupada por ingleses, una escolta de las más reducidas, pero por lo menos estos hombres sabían luchar. De todos modos, para Juana el asunto estaba concluido, el camino estaba libre y si por desgracia se interponían en él hombres de armas, Dios le procuraría otra ruta hasta el delfín Carlos.

Robert de Baudricourt, que desde ese momento también creía en ella, susurró a Juana:

—Ve y que pase lo que tenga que pasar.

Iba vestida de hombre, llevaba unas **calzas** y unas **espinilleras** que los habitantes del lugar le habían regalado, además de la espada que le confió el señor Robert. El gran viaje podía empezar.

Escudero: gentilhombre al servicio de un caballero.

Chinon: ciudad de la región de Loira (oeste de Francia) en la que se encontraba el delfín en ese momento.

Emboscada: trampa tendida para atacar por sorpresa.

Calzas: vestimenta masculina que cubre el cuerpo de la cintura hasta las rodillas.

Espinillera: pieza de tela que recubre y protege la pierna.

Cuando recuerdo a mi hermana y a sus seis acompañantes, solos en un camino amenazado por bandoleros y soldados ingleses y borgoñones, todavía siento un escalofrío sólo de pensar lo que le podría haber pasado. Sé que pronto llegaría el peligro, y que resultaría herida en más de una ocasión. La guerra es cosa de ejércitos equipados, protegidos y dirigidos. Por mi parte, jamás combatí sin velar de lejos por la seguridad de Juana.

En aquella época cabalgar por los caminos de Francia significaba estar constantemente en peligro, bajo la amenaza

de un improvisto desagradable, o correr el riesgo de sufrir un ataque durante el sueño.

Los compañeros de Juana eran hombres experimentados y afortunadamente fueron muy prudentes. Las noches de invierno son largas, así que decidieron aprovechar la oscuridad para avanzar sin ser vistos y correr menos riesgos. Colet de Vienne conocía todos los **vados**, todos los caminos y varios sitios en los que encontrar refugio además de saber dónde se encontraban las **guarniciones** enemigas.

Vado: paso poco profundo de un río por el que se puede cruzar a pie.

Guarnición: lugar donde se encuentran reunidos los soldados.

Por primera vez Juana se tuvo que resignar a no asistir a misa diaria. El pequeño grupo hacía escalas en abadías. Por la noche, Juana dormía vestida entre Bertrand de Poulengy y Jean de Metz. Por extraordinario que parezca, ninguno de los dos le faltó nunca al respeto. Bertrand de Poulengy me confió más tarde que la fe de Juana les conquistó y no dudaron de que fuera una enviada de Dios. Juana les repetía que había nacido para cumplir una misión y eso es lo que les inspiraba respeto. Las **confianzas** no estaban en la orden del día. A menudo tendré la ocasión de destacar lo siguiente: los soldados nunca se arriesgaron a mostrarse demasiado familiares con Juana. Su conducta en presencia de ella estaba marcada por una contención que habitualmente escasea entre los soldados durante una guerra. Bertrand de Poulengy me lo explicó tras pasar un día juntos:

—Tenía una gran confianza en las palabras de la Doncella y sus discursos me inflamaban, sentía un amor divino por ella.

Las etapas se sucedían: Saint-Urbain, Clairvaux, Pothières, Auxerre, Mézilles, Viglain, La Ferté, Saint-Aignan, y **Sainte-Catherine-de-Fierbois**. Allí, en la **hospedería** del santuario, Juana escribió dos cartas. La primera estaba dirigida al rey: en ella le explicaba que había cabalgado unas ciento cincuenta leguas hasta llegar a él para ayudarle y le solicitaba

Confianza: familiaridad irrespetuosa.
Sainte-Catherine-de-Fierbois: santuario situado al sur de Tours.
Hospedería: casa en la que los religiosos ofrecen hospitalidad a los viajeros.

que la recibiese. La segunda carta estaba dirigida a nuestros padres. Todavía me acuerdo emocionado del día en que la recibimos. Juana pedía perdón por su partida, escribía que Dios se lo había ordenado y que por lo tanto así debía ser. Todos lloramos cuando tuvimos conocimiento de estas palabras, las primeras de Juana desde que se marchó de Domremy. Pero no era el momento de negar un hecho consumado, ya no dudábamos de que Juana se encontraba ya al lado del rey.

Fue entonces cuando mi madre decidió que partiría en **peregrinaje** a Puy, donde ese año se celebraba un gran **jubileo**. Se dirigió hacia allí para rezar y pedir a Dios protección y misericordia para su bien amada hija. En esa ocasión conoció a un **hermano mendicante** llamado Jean Pasquerel, que oficiaba como lector en el convento de Tours. Hombre de gran piedad, prometió a mi madre que velaría por su hija cuando llegara a la región de Touraine. Se convirtió en su confesor y no la abandonó hasta su captura en Compiègne.

He meditado muchas veces sobre esta etapa de Juana en Sainte-Catherine-de-Fierbois. Ella misma me habló de la gran alegría que le produjo poder rezar en esos lugares. En casa, siempre tuvimos una gran **devoción** por **santa Catalina**. Desde su tierna infancia Juana ha llevado un anillo igual al que Jesucristo le dio a esta santa. Los que conocen

Peregrinaje: viaje hacia un lugar santo por motivos religiosos.
Jubileo: en este caso, fiesta.
Hermano mendicante: religioso que ha hecho el voto de pobreza y sólo sobrevive gracias a la limosna.
Devoción: culto particular que se rinde a un santo.
Santa Catalina: la virgen Catalina tuvo visiones de Cristo y de María en su celda, antes de sufrir el martirio.

la historia de la Doncella saben que ella nombró a santa Catalina y a san Miguel como las dos voces que la guiaron en su misión. Ambos combaten la **herejía** y el mal, ambos protegen a los caballeros, ambos blanden una espada. Santa Catalina, reina de las vírgenes, vela por los prisioneros, yo mismo puedo atestiguarlo, ya que en muchas ocasiones la he invocado desde las profundidades de mi calabozo.

Herejía: doctrina contraria a la fe católica.
Conjunción: encuentro.

¿Cómo no verse afectado por la **conjunción** de estas señales? Creo que existe una especie de lazo invisible trazado por Dios entre santa Catalina y Juana, ambas vírgenes y combatientes, ambas cautivas y mártires.

LOS SANTOS se encontraban en el núcleo de la espiritualidad de la devoción medieval. El pueblo los conocía en la iglesia gracias a las muchas estatuas que los representaban y a que escuchaban a los sacerdotes cuando les contaban sus vidas. El santo se imponía como un intermediario entre los seres humanos y Dios. Se les pedía protección y curación.

Saint Michel

El delfín hizo representar en sus estandartes a Saint Michel derrotando al dragón. La creencia popular deseaba que el arcángel derrotara

Las voces de Juana

San Miguel, como refleja una representación escultórica de la iglesia de Domremy, es la principal aparición de Juana. Durante su juicio, también nombró a santa Catalina y a santa Margarita. La primera es patrona de la parroquia de Maxey-sur-Meuse, cerca de Domremy y la segunda, patrona de los alumbramientos, tenía una estatua en la iglesia de Domremy. Santa Margarita cuida de los corderos y sostiene una rueca igual que Juana en su infancia; además, como santa Catalina, Juana llevará una espada.

a los ingleses, cuando éstos se refugiaron en el monte del cual el arcángel era el patrón.

Santa Catalina

Los peregrinajes

Por simple devoción o para expiar un pecado, muchos fieles iniciaban el camino que los llevaría hacia un santuario, cercano o lejano, dedicado a la Virgen o a un santo, en el que se conservaban preciosamente las reliquias. Es posible que por haber hecho un peregrinaje a Roma la madre de Juana pasó a llamarse Isabelle Romée.

Santa Margarita cuida de las ovejas

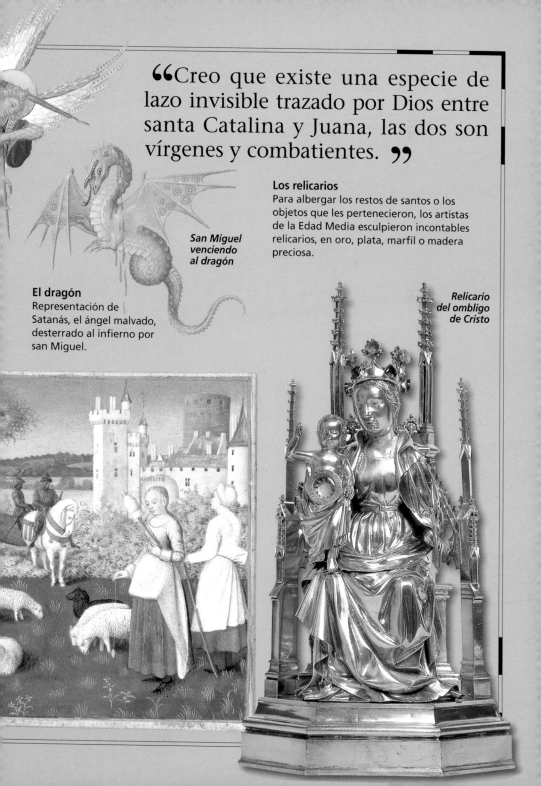

> **❝**Creo que existe una especie de lazo invisible trazado por Dios entre santa Catalina y Juana, las dos son vírgenes y combatientes. **❞**

Los relicarios

Para albergar los restos de santos o los objetos que les pertenecieron, los artistas de la Edad Media esculpieron incontables relicarios, en oro, plata, marfil o madera preciosa.

San Miguel venciendo al dragón

Relicario del ombligo de Cristo

El dragón

Representación de Satanás, el ángel malvado, desterrado al infierno por san Miguel.

La pastora y el delfín

El undécimo día, un poco antes del mediodía, Juana y su escolta vieron cómo de repente se perfilaba en el horizonte la silueta de las murallas de Chinon, plantadas sobre el acantilado que domina **La Vienne**. Mi hermana me habló después, de la emoción que la embargó cuando franqueaba la puerta de la pequeña ciudad acurrucada a los pies de la ciudadela. Por fin, llegaba al final de su camino. Antes de mediados de cuaresma, tal y como ella había clamado fuerte y claro en Vaucouleurs, era necesario que estuviera ante el delfín. Dios la había conducido a tiempo, evitándole los peligros del camino. Ahora sólo le bastaba levantar los ojos hacia el castillo para ver las ventanas tras las que se encontraba aquel al que tenía que llevar hasta Reims.

La Vienne: afluente del Loira.

Con el corazón en un puño, Juana puso pie en tierra. Por aquel entonces la ciudad estaba muy poblada, como lo están siempre las ciudades en las que reside el rey y la corte. Muchas veces he pensado que más de un habitante debió observar, sorprendido, ese extraño espectáculo en el que una joven vestida y peinada como un muchacho, con la ropa cubierta por el polvo del camino, andaba por las estrechas calles tirando de su caballo por las riendas.

Juana y sus acompañantes se instalaron en un hostal. Ahora había que esperar a que el rey tuviera a bien recibir a la joven aldeana de Domremy, algo que no era muy sencillo por más que a Juana se lo pareciera. Algunos personajes de la corte me contaron después que varios hombres y mujeres del entorno del rey trataron de **disuadirle** de recibir a una aventurera, surgida no se sabe cómo de una tierra en gran parte ganada al enemigo. Algunos la tomaban por loca.

Durante dos días, enviaron consejeros reales a Juana, para **investigar** cuáles eran sus intenciones. Invariablemente, Juana repetía el mismo discurso: tenía que liberar Orleans y hacer coronar al delfín

Disuadir: hacer cambiar de opinión mediante argumentos.
Investigar: informarse.

en Reims, por **mandato** del Rey de los Cielos. El resto del mensaje sólo se lo diría al rey en persona, y afirmaba **perentoriamente** que únicamente recibiría ayuda de ella.

No estoy seguro de que Carlos VII le hubiera concedido audiencia alguna vez a Juana si no hubiera recibido, en el momento preciso, una **misiva** de Robert de Baudricourt, en la que le contaba toda la historia. La intervención del señor Robert, fiel capitán y soldado **experimentado**, daba cierto **crédito** a esta increíble aventura. Me gusta pensar que aquel que poco antes quería que abofeteáramos a esta chica a la que tomó por una joven impertinente,

Mandato: orden.
Perentoriamente: con un tono categórico.
Misiva: correo.
Experimentado: que tiene práctica, experiencia.
Crédito: valor, importancia.

legitimaba ahora su empresa. Finalmente el rey cedió ¿Acaso podía negarse a recibir a una persona que decía ser una enviada de Dios? ¿No sería necesario escuchar por lo menos su mensaje?

Poco después del crepúsculo, el domingo 6 de marzo, el rey hizo llamar a Juana. Rodeada de sus compañeros de viaje y precedida por el enviado del delfín, mi hermana subió por la callejuela que conducía al castillo y penetró en los aposentos reales, iluminados por decenas de antorchas, bañados por una luz que nosotros, simples aldeanos, no podíamos imaginar que transformaría en día la oscuridad. Había algo extraño en las sombras danzantes de los **cortesanos**, que se proyectaban en los muros del concurrido salón.

Juana me dijo que cuando franqueó el umbral de esta habitación que le pareció inmensa, con sus altos muros cubiertos de tapices, un imperceptible murmullo remplazó repentinamente el runrún de voces. Las conversaciones se acallaron y todos los asistentes **escrutaron** a la pequeña aldeana. Me imagino a todos esos grandes señores vestidos con ricos **brocados** mirando con insistencia a mi Juana, vestida sencillamente, **bronceada** como sólo lo están aquellos que pasan su vida en los campos, con excepción de la blanca nuca que el día anterior todavía estaba cubierta por la larga melena que yo le conocí.

Legitimar: hacer justo, legítimo.
Cortesano: persona perteneciente a la corte de un señor o de un rey.
Escrutar: observar.
Brocado: tejido de seda con diseños de hilos de oro y plata.
Bronceado: moreno.

Justo antes de la entrevista en el hostal, Jean de Metz enseñó a Juana cómo saludar al rey.

—A fe mía —me confió riendo— que no lo hice tan mal.

¡Mi querida Juana! Con todo, creo que le pareció sencillo, del mismo modo que le pareció evidente que entre todos esos grandes personajes del reino de Francia, reconocería fácilmente a su señor, el delfín Carlos.

Debo decir aquí, con respeto a la verdad, que no recuerdo que ella me contara esta historia que ahora circula sobre su primera entrevista con el rey. Si creemos a la mayoría, el delfín se hizo pasar por otro deliberadamente y cuando mi hermana se presentó ante él, **replicó** señalando a uno de los señores en la reunión:

Replicar: responder.
Mascarada: farsa.
Desistir: abandonar.

—Yo no soy el rey, Juana, el rey es éste.

Quizá los acontecimientos se desarrollaron así, yo no lo sé. Aunque la idea de una **mascarada** de carnaval como esa me deja, lo reconozco, un poco perplejo. Juana sólo me comentó que monseñor el delfín se mantuvo al margen. Una cosa es mantenerse a un lado y otra es engañar a su interlocutor. Quizás el rey quería observar tranquilamente a Juana antes de iniciar una conversación con ella. Pero en definitiva, ¡qué más da! Creo que ella nunca fue consciente de lo que podrían haber buscado engañándola. Durante su proceso y cuando la interrogaban para saber si había algún ángel sobre la cabeza del rey cuando lo vio por primera vez, Juana respondió con la sencillez de la que nunca **desistió**:

—Por la bienaventurada María, si estaba, yo no lo sé y no lo vi...

En todo caso supo distinguirlo entre todos, y saludándolo como es debido, le dijo:

—Noble delfín, he venido enviada por Dios para ayudaros a vos y al reino.

Cuando imagino este sorprendente encuentro entre el rey de Francia y la «pastorcilla» de Domremy, entre el ministro de Dios sobre la tierra y la persona a la que considero como una enviada del Cielo, me parece que en esa gran sala de Chinon, mi hermana Juana y el delfín Carlos no podían más que reconocerse: Juana, una aldeana vestida como un chico, y el rey Carlos, vestido sin que su atuendo reflejara su majestad, como si dejara el lujo para los miembros de su entorno, mucho más ricos que él.

Reserva: discreción, timidez.
Metamorfosis: gran transformación.

Quizá lo más sorprendente es que en esta entrevista fue la pastora la que demostró una seguridad más firme, cuando monseñor el delfín tuvo dificultades para sobrellevar su habitual **reserva**, algo bien sabido por todos. Del mismo modo que es bien sabida la **metamorfosis** que sufrió el rey después de la entrevista que mantuvo en privado con Juana. Los testigos están todos de acuerdo: salió con el rostro radiante y explicó a los más cercanos que Juana le había dicho un secreto que nadie, aparte de Dios, podía saber.

Nunca lo he sabido, y conocía lo bastante a Juana como para saber que si le hubiera pedido más detalles sobre la **enigmática** frase, nunca me habría contestado. Lo afirmó vigorosamente durante su proceso: nunca dijo ni desveló a nadie las revelaciones que Dios le hizo y que únicamente transmitió al rey. Aunque le cortaran la cabeza jamás lo desvelaría. Por mi parte, no quiero aventurar **hipótesis**, es lo mínimo que puedo hacer por mi querida hermana. Según Jean Pasquerel, ella aseguró al delfín que era el verdadero heredero de Francia, hijo del rey, y que pronto sería bendecido y coronado en Reims.

Esta primera entrevista bastó para **sellar** el destino de Juana. El rey ordenó en el acto que le prepararan un alojamiento en la torre de Coudray, cercana al Gran aposento, donde él mismo se alojaba. Le ofreció los servicios del joven Louis de Coutes, a quien conocí bien, un chico amable y muy devoto que se convertiría en su **paje**.

Enigmático: misterioso.
Hipótesis: suposición.
Sellar: fijar.
Paje: joven noble puesto al servicio de un señor.
Anécdota: pequeña historia.

Fue él quien me contó esta **anécdota**, que ocurrió el día siguiente o el otro después de la llegada de Juana. La torre bullía con las constantes idas y venidas de los grandes señores que querían conocer a la Doncella, tal y como la llamaban ya cada uno de ellos. Louis le presentó estas visitas de alto rango. Como era habitual en ella, Juana pasaba el máximo tiempo posible rezando, arrodillada en su habitación, y nunca demostró fastidio cuando era necesario interrumpirla para satisfacer la curiosidad de todos los personajes del entorno del rey. Cuando llegó la noche, Louis vio lágrimas deslizándose por su rostro. Ella murmuraba unas palabras que no pudo oír.

Juana le confesó que se sentía muy sola, tan lejos de su familia y de Domremy.

—¡Me gustaría tanto que Pierre y Jean estuvieran a mi lado!

Sin embargo, un instante después sonrió de nuevo y dijo con alegría:

—Dios lo quiere así, lo quiere así.

A menudo me percataba de esos momentos de **abatimiento** repentino. Juana, normalmente entusiasta, de una firmeza inquebrantable, de repente se transformaba y su humor se ensombrecía, como si de golpe se viera arrollada por el peso de su misión. En momentos como ese, más de un testigo la oyó decir:

Abatimiento: tristeza.

—Un año, duraré un año, no mucho más.

Por desgracia, tenía razón.

EN UN MUNDO esencialmente rural, la ciudad es una excepción. Tras las murallas que la protegen, se desarrolla su red de callejuelas. Sus altas casas de entramado de madera se apretujan alrededor de numerosas iglesias, ricas residencias de piedra y de palacios principescos o reales.

El castillo y la torre del reloj de Chinon

Una rica residencia
El ministro de finanzas del rey, Jacques Coeur, se hizo representar con su mujer en la fachada de su espléndido palacete.

Fachada del palacete de Jacques Coeur en Bourges

Las calles A menudo demasiado estrechas, en contadas ocasiones pavimentadas, ofrecen un espectáculo animado y bullicioso. Los toldos y puestos presentan sus mercancías, anunciadas mediante banderas. La calle también es un lugar de fiesta y de espectáculo, de procesiones y representaciones teatrales.

La población
A finales de la Edad Media, la red urbana era densa. Unas treinta ciudades sobrepasaban los 10.000 habitantes: París albergaba a 200.000 almas y Lyon a 50.000. Las epidemias (sobre todo la peste negra) junto con otras dificultades despoblaron muchas ciudades, pero cuando terminó la Guerra de los Cien Años, se recuperaron rápidamente.

66 Juana y su escolta vieron cómo de improvisto se perfilaba en el horizonte la silueta de las murallas de Chinon... 99

El castillo de Chinon
Todavía se alzan sus ruinas sobre La Vienne. Fue aquí donde Juana vio por primera vez a Carlos VII. En esa época, el rey de Francia sólo controlaba los territorios situados al sur del Loira y la corte se desplazaba de Bourges a Loches o de Loches a Chinon. Si los ingleses sitiaban Orleans, significaba que la ciudad sólo controlaba uno de los dos puentes que franqueaban el río.

Una entrada real
La llegada del rey a las villas reales de Francia o a París (la capital del reino) daba lugar a una ceremonia muy oficial: los habitantes iban a las puertas de la ciudad para acoger a su soberano vestido con el manto de flores de lis. El cortejo avanzaba al son de las trompetas.

Magistrados entregando las llaves de Limoges al duque de Berry

Entrada de Carlos V a París, el 28 de mayo de 1364

Las llaves de la ciudad
Cuando el rey (o uno de sus representantes) llegaba a una ciudad o bien cuando un enemigo se apoderaba de ella, los burgueses le ofrecían las llaves de la misma como símbolo de bienvenida o rendición.

La espera

Creo que desde su llegada a Chinon, Juana suscitó la admiración de más de un gran señor de la corte. Se encontró, según me han dicho después, en el centro de muchas conversaciones y **especulaciones**. ¿Podría tener éxito esta joven aldeana allí donde los mejores capitanes habían fracasado? ¿Sería capaz de liberar Orleans?

El primero en maravillarse (si se me permite no tener en cuenta al rey, que no es un hombre, en mi opinión, fácil de impresionar) fue el duque de Alençon, que entonces residía en Saumur. Cuando se enteró de la llegada a Chinon de una doncella que decía ser una enviada de Dios con la misión de expulsar a los ingleses de Francia, cabalgó a rienda suelta hasta la residencia real. Le presentaron a Juana y al verla manifestó un gran **regocijo**. Juana consideraba que la intervención de cualquier persona de sangre real reforzaría el bando francés.

Especulación: reflexión, hipótesis.
Regocijo: satisfacción.

Pese a ser meros aldeanos, no desconocíamos que la sangre que corrió por las venas de Cleovaldo, san Carlomagno y san Luis es la misma que corre hoy por las venas del rey Carlos. Esta larga y ramificada estirpe Borbón es la que convierte al reino de Francia en el más cristiano y católico de occidente.

Durante mucho tiempo, monseñor el duque estuvo prisionero en Inglaterra. Mediante un rescate pudo regresar a

Francia, pero no se le concedió el derecho de volver a combatir hasta que se pagara el total de la suma destinada a su liberación. El azar, o más bien la **providencia**, quiso que el **duque de Bedford** aceptara emitir una **quitanza** de la deuda, poco después de la liberación de Orleans. Desde ese momento, el «hermoso duque», como a Juana le gustaba llamarlo, fue tras ella en todos los combates, y aún seguiría detrás de ella.

El día después de su primer encuentro con Juana, el duque pudo verla entrenar en los alrededores de su castillo con la lanza en los prados. Cualquiera que viera a mi hermana haciendo ejercicio sabe que era una maravilla observarla cabalgar y voltear con facilidad, como si hubiera aprendido a guerrear desde su más tierna infancia. Parece que Dios nuestro Señor le otorgó ese don, ya que más adelante constaté que jamás fallaron la agilidad y **destreza** de Juana en los campos de batalla.

Monseñor el duque de Alençon estaba tan contento que ofreció rápidamente a mi hermana un buen caballo, un gesto por el que ella se sintió infinitamente agradecida.

Es bien cierto que la **cautela** es una virtud principesca, de modo que monseñor el delfín no tuvo suficiente con ello para **disipar** todos sus temores. Fue necesario que Juana compareciera dos veces ante la Iglesia y otros clérigos teólogos, grandes conocedores de los asuntos de la fe.

Providencia: orden de las cosas deseado por Dios.
Duque de Bedford: hermano del rey de Inglaterra Enrique V. Cuando éste murió se convirtió en el regente de Francia en nombre de Enrique VI.
Quitanza: reconocimiento del pago de una deuda.
Destreza: habilidad.
Cautela: prudencia.
Disipar: esparcir y desvanecer las partes que forman por aglomeración un cuerpo.

Primero lo hizo en Chinon y después en Poitiers, una ciudad que Juana me describió como muy bella y de erguidos campanarios. En aquella época Poitiers servía de refugio a muchos miembros de la Universidad de París que se habían negado a someterse a los ingleses.

Juana fue interrogada. Todos sabían que se expresaba muy bien, pero aun así, a veces las preguntas eran difíciles. Todavía hoy me **asombra** el modo en que respondía a las preguntas de sus interlocutores. Uno de ellos la interpeló de este modo:

—Pretendes que tu voz te ha dicho que Dios quiere liberar al pueblo de Francia de las **calamidades** en las que se encuentra. Si Él quiere que sea así, no necesita gente de armas.

Juana respondió sin dudar:

—En nombre de Dios, los hombres de armas pelearán y Él les dará la victoria.

A un sacerdote llamado Seguin que le reclamaba una señal que probara que Dios quería que creyeran en ella, le replicó lo siguiente:

—No he venido a Poitiers para hacer señales en nombre de Dios, pero conducidme a Orleans y os mostraré la señal para la que he sido enviada.

De nuevo y aún más bruscamente, este mismo hermano Seguin, que hablaba en **limosín**, le preguntó en qué idioma hablaba su voz, y ella contestó:

—En un idioma mejor que el vuestro.

Asombrado: sorprender mucho.
Calamidad: gran desgracia.
Limosín: dialecto de la región de Limoges.

Semejantes respuestas podían haber provocado la **ira** de los asistentes, pero no pasó nada, sin duda porque los jueces de Juana supieron comprender que la vivacidad de esta aldeana, que se expresaba sin rodeos, no escondía ninguna impertinencia, sino sólo honestidad, sencillez y quizá también un poco de impaciencia. Mi hermana me contó poco después que todos estos interrogatorios le impedían cumplir la obra para la que había sido enviada y que además de ser muy necesario actuar, ése era el momento precioso de hacerlo. Por lo menos salió airosa de todas las pruebas a las que la sometieron. Como las mujeres que la examinaron después confirmaron que era virgen, muchos empezaron a creer firmemente en ella. La espe-

Ira: cólera.

ranza se adueñaba de los corazones y con una escolta de ala-
banzas y oraciones Juana se dirigió a Chinon y después a
Tours para prepararse para el combate.

En Domremy supimos, a principios de abril, que tras la
investigación de Poitiers, el consejo real había decidido que
Juana participara en la guerra y que se pondría a su servicio
a hombres armados. Nosotros también queríamos combatir
y, aun más, queríamos verla de nuevo, así que dos semanas
más tarde nos encontramos en Tours. Allí fue donde nos
rencontramos todos los hermanos.

¿Es necesario que describa la alegría que sentí al poder
estrechar por fin entre mis brazos a mi querida hermana?
La pequeña aldeana se había transformado. Ya no era la

Juana que antes venía a acurrucarse contra mí cuando tenía miedo, ni tampoco la Juana entre **taciturna** e impaciente de los últimos tiempos en Domremy. Algo **imperioso** emanaba ahora de ella: hablaba con autoridad, daba órdenes y en la casa de Jean Dupuy, donde se había instalado, reinaba a su alrededor una especie de agitación que aprendí a descubrir en el entorno de todos los grandes señores con los que pronto me codearía. En el primer momento me sentí intimidado y Juana, al darse cuenta, se echó a reír.

—¡Espera, que todavía no lo has visto todo!

Me condujo hasta la habitación contigua para enseñarme la armadura que el rey había ordenado hacer cincelar para ella a un artesano de la ciudad. Estaba trabajada magníficamente y se ajustaba a su cuerpo a la perfección. Sé cuanto la tendría que proteger en los combates sin que, por desgracia, bastara para ahorrarle las heridas.

Taciturno: silencioso, triste.
Imperioso: enérgico y autoritario.
Desenterrar: retirar del suelo.

Juana ya tenía una espada. Ya no era la que Robert de Baudricourt le había dado antes de su partida: esta nueva arma parecía una señal del cielo. Me explicaron que aconsejada por su voz, Juana la había hecho **desenterrar**, unos días antes de mi llegada, de la parte posterior del altar de la iglesia de Sainte-Catherine-de-Fierbois. Cuando los clérigos frotaron la espada, el óxido se desprendió milagrosamente. Juana había encargado un estandarte que para mí es hoy el símbolo más justo de su misión y su combate. Lo recuerdo muy bien: quiso que se pintara la imagen de Nuestro Señor Jesucristo, sentado en el trono del Juicio Final, entre las nubes del cielo. En ambos lados, un ángel sostenía en la mano una flor de lis que Nuestro Señor bendecía. Bordados en seda, los nombres «Jesús María» aparecían como un grito de guerra. ¿Podía haber una imagen más bella? En todas las batallas, este era el estandarte que Juana blandía y no su espada. Todavía hoy me complace saber que jamás mató a nadie.

Un jueves nos encaminamos hacia Blois, donde monseñor el delfín había decidido concentrar a su ejército. Era necesario reagrupar a los hombres y reunir víveres y, mientras tanto, Juana se impacientaba. Por su parte, los ingleses sabían a qué atenerse desde hacía mucho tiempo, así que no podrían ser vencidos por un ataque sorpresa. El 22 de marzo, cuando todavía estaba en Poitiers, Juana dictó una carta con una declaración de intenciones. Siempre, yo lo atestiguo, se esforzaba por evitar la guerra. Si no eran razonables los amenazaba con la expulsión del territorio francés.

RECORRER con una magra escolta los centenares de kilómetros que separan Vaucouleurs de Chinon no fue una de las menores hazañas de Juana. A continuación, su extraordinario destino la condujo, tanto antes como después de su arresto, a incesantes viajes en la mitad norte del reino.

Vaucouleurs
Quizá por esta puerta, el único vestigio de las fortificaciones de la ciudad, Juana partió de Vaucouleurs en la primavera de 1429.

1. Casa de Juana en Domremy

2. Puerta de Francia en Vaucouleurs

Domremy
Remodelada y agrandada en el siglo xv, la sólida casa de piedra en la que Juana pasó su infancia era propia de campesinos acomodados.

Loches

Después de la liberación de Orleans, Juana se encontró aquí con el delfín. Fue probablemente en esta ciudad donde le convenció para ir hasta Reims para ser consagrado.

Poitiers

Muchos profesores de la Universidad de París fueron a Poitiers para evitar la tutela de los ingleses. Juana compareció ante ellos.

4

los Duques en Poitiers   4. Loches   5. Plaza del Vieux-Marché en Rouen.

5

> ❝Juana me describió Poitiers como una ciudad muy bella, de erguidos campanarios…❞

Rouen

Juana vivió sus últimos meses en Rouen, encarcelada en la torre Couronnée. La plaza del Vieux-Marché, donde se encontraba el viejo mercado, conserva antiguas fachadas de entramado de madera. En la Edad Media era el lugar en el que se llevaban a cabo las ejecuciones públicas. Fue aquí donde la Doncella pereció en la hoguera, el 30 de mayo de 1431.

El primer combate

La ciudad de Blois y los campos de los alrededores se animaron con una multitud como nunca antes habían visto en Neufchâteau o en Vaucouleurs. Para abastecer a la tropa y alimentar a los habitantes de Orleans, hambrientos por el largo asedio de los ingleses, reunimos carretas cargadas de trigo y llevamos el ganado. Día tras día llegaban capitanes con sus hombres, unos atraídos sin duda por el afán de ganancias, y otros por la presencia de Juana, cuya fama ya se había extendido por todo el país.

A decir verdad, esos rudos soldados, aguerridos por el combate, acechaban a mi hermana, más a menudo con curiosidad que con **consideración**. Su presencia era algo extraño para ellos. ¿Qué papel podía tener una mujer (tan joven, además) en los combates? Mientras los observaba, a veces me hacía la misma pregunta. ¿Podría Juana **contrarrestar** ella sola un solo golpe de sus espadas? El rey le había proporcionado un escudero, Jean d'Aulon, que se encargó de guiarla en su aprendizaje militar. Puedo responder de su fidelidad, se mantuvo a su lado hasta el triste día de Compiègne. Pero este devoto compañero no podía paliar la debili-

Consideración: estima.
Contrarrestar: protegerse de un golpe desviándolo.

dad física que hay en la naturaleza femenina, o al menos eso creía. Nunca antes había combatido, y no imaginaba que el coraje y la determinación, dos cualidades que a Juana nunca le faltaron, pueden **suplir** muy a menudo a la fuerza.

En ese momento, más de uno se exasperaba por lo que consideraba los **antojos** de la Doncella. Juana no soportaba los juramentos, incitaba a los hombres a confesarse y expulsaba sin miramientos a las **meretrices** que habitualmente se unen a las tropas de soldados. Incluso aprovechó los últimos días transcurridos esperando la partida, para velar por la salud de los soldados y encargar un nuevo estandarte destinado a los numerosos sacerdotes que acompañarían al ejército. Avanzarían cantando el *Veni Creator Spiritus*. Un día oí a un soldado farfullar:

—¡Por Dios, esto ya no es una guerra, es un peregrinaje!

No se lo conté a Juana. Ella no habría dudado en **sermonear** al desvergonzado, del modo en que lo hacía cada vez que oía jurar en nombre de Dios, algo que por desgracia no es nada raro en un ejército en plena campaña. Por lo menos no lo hacía en vano. Su autoridad era tal que Étienne de Vignolle, el forzudo llamado *La Hire*, ya sólo se atrevía a jurar por su bastón de mando.

Monseñor el rey Carlos (¿era sabia prudencia o desconfianza en exceso?) no otorgó a Juana el mando del ejército,

Suplir: reemplazar.
Antojo: capricho.
Meretriz: prostituta.
Veni Creator Spiritus: canto religioso.
Sermonear: regañar.

pero sí le proporcionó capitanes experimentados. Que yo sepa, mi hermana no manifestó irritación, lo que no le impidió, cuando no estaba de acuerdo con algo, decirlo sin rodeos e incluso con brusquedad. No entendía que esos capitanes que guiaban a la tropa hubieran decidido ganar Orleans por la ribera izquierda, a fin de rodear la ciudad por el sur y después por el este. Querían atacar la ciudad por el flanco peor defendido. En cuanto a Juana, ella habría preferido atacar de la manera más rápida.

Al final del mes de abril, la pequeña avanzadilla, de la que yo me mantenía un poco al margen, llegó a las afueras de Orleans, a un lugar llamado Le Portereau, en el que Juana, por primera vez, conoció a monseñor el **Bastardo de Orleans**, ahora conde de Dunois. Este hombre, que desde hacía meses defendía la ciudad contra los ingleses, se adelantó ante mi hermana cuando ésta preguntó:

—¿Sois vos el Bastardo de Orleans?

—Sí, soy yo, y me alegro de su llegada.

—¿Sois vos quien aconsejó que yo viniese aquí, a este lado del río y que no fuera directamente adonde están Talbot y los ingleses?

—Así es, muchos de nosotros opinamos que esta será la vía más segura y por lo tanto la más inteligente.

—En nombre de Dios, el consejo del Señor nuestro Dios es más inteligente y seguro que el vuestro. Habíais pensado que me engañaríais y

Bastardo de Orleans: hijo adúltero del duque Luis de Orleans y de Mariette d'Enghien.

sin embargo sois vos el que se equivoca. Os ofrezco una ayuda mejor que la que os pueda aportar cualquier soldado o ciudad: la ayuda del Rey de los Cielos.

Por un momento temí que el tono perentorio de Juana ofendiera a un señor de tan alto rango, pero justo en ese momento el viento cambió y con él la respuesta que el conde estaba a punto de darle a Juana. El bastardo de Orleans, a quien la inquietaba precisamente que el viento del este impidiera que los **pontones** cargados con víveres remontaran el Loira, quedó vivamente impresionado, hasta el punto de empezar a creer en esa Doncella de la que, desde hacía algunas semanas, había oído hablar pero de quien todavía dudaba que pudiera ser de gran ayuda.

Convenció a Juana para que entrara en la ciudad de Orleans con sólo una escolta de doscientas **lanzas**, de la que yo formaba parte. Atravesamos el Loira en barco, mientras que el grueso del ejército volvía sobre sus pasos hasta Blois, para cruzar el río, ya que las aguas estaban demasiado altas para aventurar a un gran número de soldados.

Pontón: embarcación de fondo plano.
Lanza: unidad de combate compuesta por un hombre armado a caballo y algunos combatientes a su servicio.

Fue así como la noche del último viernes de abril entramos en la ciudad. Describir la escena es algo imposible. Juana iba delante, al lado del Bastardo de Orleans, seguida por una multitud de nobles y valientes señores, entre los cuales, yo, el pequeño campesino de Domremy, cabalgaba orgulloso. Los habitantes de la ciu-

dad nos aclamaban, apartándose a nuestro paso para abrir-
nos camino, como si hubiera llegado la victoria. Sus ojos
brillaban tanto por la esperanza que renacía como por el
hambre que los atenazaba desde hacía semanas. La luz de
las antorchas se reflejaba en nuestras armaduras, y
los rayos de luz del crepúsculo daban a la escena
un aspecto extraño, acentuado por la confusión
que reinaba a medida que las calles se estrechaban.

Pendón: pequeña bandera que se lleva en el extremo de la lanza.

No podía ver lo que ocurría más adelante, pero Juana me
contó que la multitud se apretaba contra su montura,
todos querían tocarla, de modo que en pleno barullo el
pendón se incendió. Vi como el caballo de mi hermana se
encabritaba y daba media vuelta. El fuego desapareció. Fue

ella quien lo apagó con **presteza**, lo que suscitó la admiración de los asistentes.

Atravesamos así toda la ciudad, hasta la residencia del tesorero del duque de Orleans, Jacques Boucher, que estaba adosada a la muralla. Nos instalamos allí, entre un tumulto continuo, donde una multitud de ciudadanos se apiñaba sin cesar en las puertas de la casa con la esperanza de ver a la mujer que les conseguiría ayuda y liberación.

A partir del día siguiente, Juana decidió ir a las **bastillas** inglesas que rodeaban la ciudad. Delante de cada una gritó el mismo mensaje:

—¡Entregad a la Doncella enviada de Dios las llaves de todas las ciudades que habéis tomado y usurpado en Francia…! ¡Vengo en nombre de Dios, el Rey del Cielo, para expulsaros de Francia uno a uno!

La acompañé en algunos de estos vanos intentos por evitar que corriera la sangre, sufriendo al ver cómo se burlaban de ella, cómo el adversario la insultaba groseramente. Aún con todo, creo que las burlas del enemigo la enojaban menos que la negativa del Bastardo de Orleans a lanzar la **ofensiva** antes de la llegada del grueso del ejército.

Ni siquiera la procesión organizada por los burgueses de la ciudad para rogar al Señor que tuviera a bien concedernos la victoria apaciguó su voluntad de pelear cuanto antes.

Presteza: rapidez.
Bastilla: construcción fortificada.
Ofensiva: ataque.

Durante mucho tiempo me han preguntado sobre la perpetua impaciencia de Juana. Parecía que resignarse a esperar un poco más fuera imposible para ella. Hoy, creo firmemente que tenía razón. Su misión entrañaba **prontitud**: era necesario vencer lo más rápido posible y avanzar directamente hacia Reims para consagrar al rey. Que regrese el tiempo de las dudas, las discusiones, los **titubeos**, que regrese el tiempo de la política y los razonamientos **cautelosos**, y el movimiento se apaciguará.

Un día, creo que fue el quinto después de nuestra llegada, llegó la hora del primer combate. Comenzó sin que estuviéramos preparados: de repente nos avisaron de que el grueso de la armada por fin había llegado y había iniciado el asalto a la bastilla de Saint-Loup. Nunca antes había visto a mi hermana tan enfadada. No les había parecido necesario prevenirla. Juana **reprendió** severamente a su joven paje Louis de Coutes, muy injustamente según mi parecer, pero **no** lo **podía evitar**, al mismo tiempo que su escudero y nuestros anfitriones la ayudaban a ponerse la armadura. Juana atravesó toda la ciudad al galope y yo la seguía a duras penas.

Cuando llegó al sitio, los ingleses resistían, centrando su defensa en las ruinas de una iglesia. La situación era crítica, pero nuestros hombres retomaron el asalto, como si la presencia de Juana les insuflara fuerzas renovadas. En poco

Prontitud: rapidez.
Titubeo: vacilación, duda.
Cauteloso: prudente, astuto.
Reprender: reprochar, amonestar.
No poder evitar: no poder hacer nada.

tiempo, tomamos la bastilla. Primer combate y primera victoria pero también las primeras víctimas. Juana siempre conocería la felicidad oscurecida por la pena: todos esos hombres muertos sin haberse confesado, todos esos heridos gimiendo de dolor... En Domremy conocimos los horrores de la guerra, pero esto era la **carnicería** de la batalla. Mi hermana lloraba y yo tenía serias dificultades para contener las lágrimas. Estuve enfermo toda la noche. De nuevo me sorprendió la velocidad de Juana para recuperar las fuerzas y los ánimos:

Carnicería: masacre.

—Vamos, hermano, ten coraje —murmuró. Pasaron cinco días hasta que Orleans fue por fin liberada.

Azincourt en 1415, Verneuil en 1424: los ingleses probaron durante mucho tiempo su superioridad sobre los franceses en las batallas campales. Le correspondió a Juana de Arco invertir el curso de los acontecimientos al conseguir la victoria de Patay y con ella la iniciativa cambió de bando. Sin embargo, la Doncella de Orleans se instruyó en la guerra de asedio.

Las murallas fortificadas
La guerra supone un mantenimiento constante de las murallas, cuya construcción o reparación gravan pesadamente la economía del reino.

Juana dirigiendo el asalto de París

Bajo los muros de París
París se encuentra bajo el control de los anglo-borgoñones. Los habitantes, informados de la cercanía del ejército real, reforzaron las fortificaciones y prepararon la defensa de su ciudad. El 8 de septiembre, Juana dirigió el asalto, como explica el bastón de mando que lleva en la mano. Varios hombres llevan gavillas para rellenar los fosos y sobre éstas se izarían escaleras. El artista no ha representado los cañones y las culebrinas que, según dicen, ese día causaron un gran estruendo.

Mapa de la ciudad de Orleans

Orleans

Alrededor de la ciudad, de cara a las murallas, los ingleses edificaron unas bastillas llamadas los Agustinos, Saint-Laurent o Saint-Loup. También obraba en su poder la bastilla de Tourelles, situada a los pies del puente que cruza (rivera izquierda) el río Loira.

La artillería de fuego

Aparece en el siglo XIV y se mantiene sobre todo como un arma de asedio, incluso cuando la puesta a punto de armas más ligeras hace posible su utilización a partir de entonces en las campañas militares. Testigo del progreso de la metalurgia, puede lanzar balas de piedra o de hierro.

La artillería mecánica

Catapultas, trabuquetes y mangoneles: las máquinas de guerra son variadas y algunas pueden propulsar bloques de varios centenares de kilos.

> 66 Y entonces un día, creo que fue el quinto después de nuestra llegada, llegó la hora del primer combate. 99

Catapulta

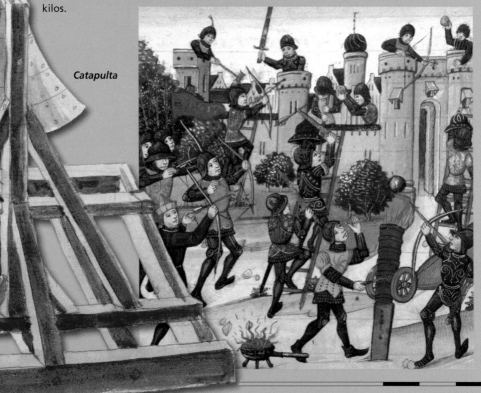

La época de las victorias

El día de la Ascensión de Nuestro Señor Jesucristo, día de **tregua** y oración, Juana quiso pedir de nuevo a los ingleses que volvieran a su país para evitar otro combate. Ató una nota a una flecha que tendió a un arquero para que la lanzara al campo enemigo. La única respuesta fue: «Que la ramera vuelva con sus vacas».

Al día siguiente, Juana y La Hire, a pesar de las reticencias del gobierno de la ciudad, que opinaba que una empresa como aquella era arriesgada, efectuaron una nueva salida que tuvo como resultado la toma de las bastillas de Saint-Jean y Saint-Augustin, obligando así a los ingleses a refugiarse en el fuerte de Tourelles. Por la noche, Juana me confesó que esa era la señal de la victoria: el sitiador encerrándose en sus propias fortificaciones.

Tregua: suspensión de los combates.
Pie: antigua unidad de medida (unos 33 cm).

El sábado sería el día decisivo. Tras una misa celebrada al alba por Jean Pasquerel, dio comienzo el ataque. Todavía hoy su recuerdo me estremece. Hacia el mediodía una flecha alcanzó a Juana en el hombro: atravesó la carne entre el codo y el omoplato, de aproximadamente medio **pie**. Mi hermana sufría y lloraba y la llevamos a un lugar resguardado. Creo que por un momento pensó que iba a morir. Afortunadamente la herida era superficial. Aplicamos sobre la herida aceite de oliva y una loncha de tocino a modo de **cauterio** y unos minutos más tarde volvía al asalto.

El día empezaba a decaer y los ingleses todavía aguantaban. El Bastardo de Orleans ordenó que las trompetas tocaran retirada, mientras que Juana se había apartado a una viña durante unos minutos: quería rezar lejos del tumulto del combate y, a pesar de la fatiga, exigió un último asalto. Un escudero, que llevaba su estandarte, descendió al foso que rodeaba la bastilla. Juana quería que su estandarte fuera visible por todos, así que se abalanzó sobre él y apoderándose del **asta** lo izó firmemente hacia arriba. Estos movimientos fueron comprendidos como una llamada al asalto y una avalancha sumergió a los ingleses. Mi hermana gritaba:

—¡Glasdale, Glasdale, rendíos ante el Rey de los Cielos, me habéis llamado ramera, pero aún así tengo piedad de vuestra alma y de la de vuestros hombres!

El capitán inglés cayó **súbitamente** en el río y se ahogó. Juana lloró por su alma, pero, por mi parte, debo confesar que la suerte de Glasdale me preocupaba bien poco, ya que me alegraba por nuestra victoria. Utilizo esta palabra **a propósito**: la toma de Tourelles permitió restablecer el enlace entre la ciudad y el sur del Loira.

Cauterio: remedio.
Asta: mango.
Súbitamente: velozmente, de pronto.
A propósito: voluntariamente.

Juana fue a recuperar las fuerzas en casa de nuestros anfitriones de Orleans, y con la ayuda de un cirujano que se encargó de acabar de curarle la herida y de ayudarla a reponer con cuatro o cinco asados bien remojados en vino mezclado con mucha agua.

Por mi parte, pasé la tarde y la noche con lo principal del ejército, en el exterior de la ciudad, para vigilar a los ingleses. Por ello no podíamos oír las campanas de la ciudad repicando sin cesar, celebrando la liberación tan esperada. Esa noche fue uno de los momentos más felices de mi existencia: mi hermana había vencido y esa victoria justificaba toda su empresa.

A la mañana siguiente, el 8 de mayo, el ejército inglés, que esperaba quizás otra batalla, se alineó en orden frente a nuestro ejército. Una flor no hace verano y fue Juana quien se negó a atacar: quería evitar el combate en el día del Señor.

—En nombre de Dios, si se marchan, dejadlos partir, demos gracias a Dios y no los persigamos más allá porque es domingo.

Finalmente los ingleses levantaron el sitio y se retiraron. Algunos capitanes protestaron y dijeron que habría sido mejor perseguir a los soldados enemigos y forzarlos a huir en vez de dejar sus fuerzas intactas, y quizá tenían razón. Quiero recordar por encima de todo, el **alborozo** que siguió a la partida de los ingleses. Los habitantes de Orleans manifestaron su alegría apretujándose alrededor de los

Alborozo: alegría.

soldados sin sentir, por lo que parecía, ese temor que suscitan de ordinario los hombres de guerra. Al contrario, les daban cobijo, los alimentaban igual que habrían hecho con sus hijos. Especialmente aclamaban a mi hermana Juana, todos querían tocarla o hablar con ella. Una gran procesión reunió a los burgueses de la ciudad y a los hombres de armas, cada uno sostenía un cirio o una antorcha y recorrieron la ciudad, de iglesia en iglesia, para dar gracias a Nuestro Señor Jesucristo por esta victoria, una victoria esperada desde hacía tanto tiempo que ya se había perdido la esperanza. La gente se preguntaba si ese era el gran milagro. Al día siguiente se ofició una misa para los muertos.

Los días y semanas siguientes se atropellan hoy en mi memoria, pues parecía que Juana volaba de éxito en éxito. El ejército se engrosaba día tras día con nuevos soldados y este flujo continuo demostraba que la esperanza había cambiado de bando. Del lado inglés muchos desertaron del ejército, atemorizados ante la posibilidad de luchar contra la Doncella que había hecho levantar el sitio de Orleans. Nuestros enemigos se lamentaban diciendo que todos aquellos que se encontraran ante ella caerían de golpe muertos al suelo.

Sólo recuerdo victorias, ciudades abriendo sus puertas a su señor el rey. Jargeau —creo que fue durante el asalto a esta ciudad, que Juana se cayó de una escalera, se levantó y **exhortó** rápidamente a los soldados a retomar la ofensiva —Beaugency y Patay, la bata-

Exhortar: animar.

lla más bella en la que participé, que causó **múltiples** víctimas en las filas enemigas pero sólo tres en las nuestras. Ciertamente la esperanza renacía por todas partes.

Juana recibía cartas que venían desde la lejana Italia, los poderosos le pedían consejo y el pueblo llano se congregaba ante ella.

Múltiples: muchas.
Reticencia: reserva, duda.

El rey se retrasaba, como si no estuviera seguro de ir hacia Reims. ¿Acaso no era realmente peligroso cruzar las tierras borgoñonas? Fue necesaria toda la determinación de Juana para vencer sus **reticencias**. Mi hermana estaba segura de que las ciudades abrirían sus puertas a su señor soberano y le harían entrega de las llaves de la ciudad, como pasó en Auxerre, Troyes y Châlons. Una de mis mayores alegrías fue encontrarme en la última de estas ciudades a cinco habitantes de Domremy que, cuando supieron que la consagración se celebraría en Reims, habían decidido ir la ciudad andando. Nos dimos un largo abrazo y Juana le entregó a uno de ellos la chaqueta roja que llevaba ese día.

Este reencuentro era el **preludio** de otro que, en mi opinión, produciría en Juana la última alegría de su corta vida. En Reims, cuando llegamos cerca de la catedral, vimos a nuestros padres y a nuestro tío Durand Laxart en la ventana de un albergue llamado *L'Âne Rayé*. Agitaron los brazos y gritaron, riendo y llorando a un mismo tiempo. ¡Nuestros queridos padres! La ciudad los había instalado con los gastos pagados en una bonita habitación. Tan sólo habían transcurrido unos meses desde la partida de Juana, pero la inquietud había hecho su trabajo y había marcado los rasgos de sus rostros. De nuevo mi hermana les pidió perdón. Pasamos toda la noche contando nuestras experiencias, mi madre temía el recuerdo de los peligros del combate pero también lo quería saber todo ya que se sentía inmensamente orgullosa.

La ceremonia de la consagración se organizó deprisa y corriendo. Durante toda la noche los hombres del rey se afanaron en buscar los instrumentos para la consagración.

Preludio: anuncio.

Faltaban la corona y el cetro, custodiados por los monjes de la **abadía de Saint-Denis**, así que fue necesario improvisar. Encontraron una vieja corona que serviría para el caso en el tesoro de la catedral, de modo que el domingo por la mañana todo estaba preparado.

¡Felices aquellos que alguna vez han podido asistir a un espectáculo tan magnífico! Primero fue la procesión que conducía al rey hasta la catedral, cruzaron el gran pórtico abierto y seguidamente se adelantó el abate de Saint-Remy, montado sobre un caballo blanco y escoltado por cuatro caballeros. El cortejo avanzaba lentamente, el hierro de las pezuñas martilleaba el embaldosado de la iglesia. Llevaron la **Santa Ampolla** colocada bajo un **palio**. Entonces el rey prometió proteger a la Iglesia y hacer que reinara la paz y la justicia. Los clérigos y el pueblo gritaron «¡*Fiat*! ¡*Fiat*!» a modo de **aquiescencia**. A continuación el duque de Alençon armó al rey caballero y, tras la bendición de las insignias reales (la corona, los espolones de oro, el cetro y la mano de la justicia), el arzobispo procedió a la consagración del rey, que estaba prostrado sobre los escalones del altar. Mediante una aguja de oro, el arzobispo extrajo de la Santa Ampolla un poco del **Santo Crisma**, y con él ungió al rey en la cabeza, el pecho, los hombros y las junturas de los brazos antes de vestirlo con el

Abadía de Saint-Denis: lugar que albergaba las tumbas de los reyes de Francia y donde se conservan las insignias de la realeza.

Santa Ampolla: vasija que contiene el óleo sagrado que se utilizaba en la consagración de los reyes de Francia.

Palio: pieza de tela sujeta por varas.

Fiat: ¡que así sea!

Aquiescencia: consentimiento.

Santo Crisma: aceite bendito mezclado con bálsamo.

manto de flores de lis, darle los guantes benditos y ponerle el anillo en el dedo. Los pares del reino mantuvieron la corona sobre su cabeza, hasta que el rey alcanzó su trono. Cuando ya tenía la corona puesta, la multitud gritó «¡**Viva**!» y las trompetas sonaron tan fuerte que pareció que la bóveda de la catedral temblaba.

¡Viva!: grito de regocijo para celebrar un acontecimiento feliz.
Insigne: prestigioso.

Juana, que durante toda la ceremonia se mantuvo al lado de Su Majestad con su estandarte en la mano, se arrodilló ante él, le abrazó las piernas y sollozando declaró:

—Buen Rey, ahora se ha ejecutado el deseo de Dios: quería que levantara el sitio de Orleans y que os trajera a esta ciudad de Reims para recibir la santa consagración, demostrando así que sois el verdadero rey y al que debe pertenecer el reino.

Vi cómo nuestros padres se secaban las lágrimas al oír estas palabras. Durand Laxart no estaba menos emocionado, tanto más cuando la noche anterior el rey lo había llamado para que le contara la infancia de Juana, y todavía estaba afectado.

Durante su proceso en Rouen, seguramente los ingleses la interrogaron sobre el **insigne** favor que le hicieron al permitirle estar al lado del rey durante la ceremonia. Todo el mundo sabe hoy lo que mi hermana les respondió:

—Ese estandarte estuvo presente mientras hubo peligro, razón suficiente para que tuviera un lugar privilegiado.

LA MONARQUÍA DE LOS CAPETOS tiene sus lugares santos que contribuyen a dar todo su esplendor a la dinastía: Reims, Saint-Denis o París. Las tribulaciones de la guerra quisieron que en el momento en que Juana inició su misión, el rey Carlos VII no controlara ninguno de estos lugares.

Una monarquía hereditaria

Durante mucho tiempo la monarquía conservó un carácter electivo, como todavía atestigua la aclamación popular en la catedral de Reims. No obstante, el principio hereditario prevaleció poco a poco y con ello la idea de que el rey se convierte en rey en el mismo instante de la muerte de su padre. Sin embargo, para Juana y para muchos de sus contemporáneos sólo la consagración legitimaba al delfín Carlos.

Consagración de Carlos VII en Reims

La consagración

Celebrada por el arzobispo de Reims, seguía un ritual cuidadosamente planificado. Después de prestar juramento, el rey se volvía a poner las insignias de caballero, a continuación recibía la unción y los pares de Francia le entregaban las regalías, las insignias de su soberanía: el anillo, el cetro, la mano de justicia y por último, la corona.

Otra consagración

El poder de los símbolos era tal que el duque de Bedford, regente de Francia, esperaba contrarrestar la repercusión de la consagración de Reims organizando la consagración de Enrique VI en la catedral de Notre-Dame de París. Pero faltaba la Santa Ampolla y esta segunda ceremonia, celebrada en un lugar no habitual, ofreció un pálido espejismo.

Cetro de Carlos V

La Sainte-Chapelle

La catedral de Reims

La Sainte-Chapelle
Construida por san Luis en el siglo XIII, la Sainte-Chapelle flanquea el palacio de la ciudad en París. Alberga una reliquia comprada a precio de oro: la corona de espinas de Cristo, cuya presencia en el corazón de la capital del reino le confería mayor santidad a la monarquía Capeto.

❝ Tras la bendición de las insignias reales (la corona, los espolones de oro, el cetro y la mano de la justicia), el arzobispo procedió a la consagración del rey. **❞**

Saint-Denis
La iglesia abacial, que se erige unos kilómetros al norte de París, alberga las sepulturas de los reyes de Francia. Los monjes que viven en la abadía cuidan de las regalías y redactan las crónicas oficiales de los sucesivos reinados. De este modo, Saint-Denis representa la memoria de la monarquía.

La Basílica de Saint-Denis

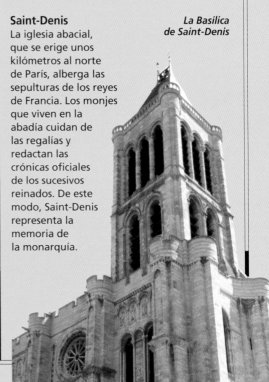

Reims
Como Cleovaldo fue bautizado en Reims, los Capeto tomaron la costumbre de hacerse coronar en esta ciudad arzobispal.

La captura

En mis recuerdos, el **fervor** que nos había llevado a la liberación de Orleans se desvaneció el día después de la consagración, o por lo menos así fue en el entorno real, porque las ciudades de la región seguían manteniéndose fieles al rey. Por todas partes se cantaban *Te Deum* en honor de Su Majestad. Juana era objeto de una adoración que trataba de disipar con humildad y paciencia. La gente se agarraba a las patas de su caballo, le besaba las manos y los pies, intentaba arrancar trozos de su atuendo y también le mostraba **padrenuestros** e imágenes para que las tocara… Ante esto último, ella respondía a veces:

Fervor: entusiasmo.
Te Deum: cántico de acción de gracias que se cantaba sobre todo para celebrar las victorias.
Padrenuestros: oraciones.
Consideración: reflexión.

—Tocadlas vosotros mismos, serán tan buenas tocadas por vosotros como por mí.

No obstante, parecía que las **consideraciones** políticas ganaban terreno a la audacia. Ahora eran muchos los que preferían negociar a guerrear. El rey vacilaba y su ruta, marcada por idas y venidas sin un destino claramente determinado, reflejaba sus eternas dudas.

Incluso parecía que Juana había perdido algo de su impulso. No es que hubiera renunciado a su lucha contra los ingleses, ella quería marchar **inmediatamente** hacia París, pero había cumplido ya la doble misión que su voz le había encomendado (liberar Orleans y hacer coronar al rey) y podía leer en su rostro la fatiga y lasitud que a veces siguen a la realización de los sueños más deseados. Creo que añoraba Domremy, que el hecho de haber visto a nuestros padres había despertado en ella la nostalgia de su tierra natal. Cuando fue necesario dejarlos en Reims, la despedida fue muy difícil y lo habría sido más si hubiera sabido que no los vería más.

Monseñor el Bastardo de Orleans me relató una conversación que tuvo lugar en esa época entre mi hermana y el arzobispo de Reims, cuando una gran multitud se congragaba para aclamar al rey.

—He aquí un buen pueblo —exclamaba Juana—, jamás he visto un pueblo que se regocije tanto ante la llegada de un rey tan noble. ¡Qué feliz sería si pudiera acabar aquí mis días y me **inhumaran** aquí!

Monseñor el arzobispo le preguntó:

—Juana, ¿en qué lugar os gustaría morir?

—Donde Dios lo quiera, porque no sé más que usted sobre la hora o el lugar.

Tras un momento de silencio añadió:

—¡Plazca a Dios, mi Creador, que pueda retirarme ya, abandonar las armas e irme a servir a mis padres, que estarían tan felices de volver a verme!

Inmediatamente: de un modo apremiante.
Inhumar: enterrar.

No estoy muy seguro sobre lo que hubiera acontecido si no hubiese muerto. ¿Realmente habría deseado regresar a la vida tranquila, y quizá de ahora en adelante demasiado apacible, de nuestro pequeño pueblo? ¿Se resignaría a convertirse en una simple aldeana? Juana albergaba muchos interrogantes en su interior y me parece que sus dudas revelaban las divisiones internas que yo no supe comprender cuando la agotaban.

Como ya he dicho, Juana quería que el ejército marchara hacia París. En cuanto al rey, él intentaba congraciarse con monseñor el duque de Borgoña para suspender las **hostilidades**. De este modo Juana se encontraba dividida entre el deseo de entrar en combate y el de mantenerse fiel al rey, lo que suponía que no podía romper la tregua. Percibía que los consejeros más escuchados por Carlos VII la consideraban como parte prescindible, y no cesaban de apartar a la impertinente **doncella** de semejantes asuntos. Ella temía más que cualquier otra cosa ser tratada así, no por el enemigo, pero sino por el entorno real.

Fue necesario emplear mucha energía para que finalmente empezara la batalla que, según todos esperábamos, permitiría al rey recuperar su capital. El asalto se dio el día de la **Natividad de Nuestra Señora**. Partimos de **La Chapelle** por la mañana y concentramos nuestro ataque sobre la puerta de Saint-Honoré. Mientras llenábamos los fosos de la

Hostilidades: acciones de guerra.
Doncella: muchacha joven.
Natividad de Nuestra Señora: el 8 de septiembre.
La Chapelle: pueblo cercano a París que hoy forma parte de la ciudad.

ciudad con gavillas traídas por carretas con gran esfuerzo, los cañones y las **culebrinas** de los parisinos cargaban contra nuestros hombres, y las saetas de las **ballestas** caían como lluvia a cántaros. Juana, que se exponía sin cesar al peligro, resultó herida en un muslo por una flecha. A pesar del sufrimiento, quiso retomar la lucha, pero los capitanes que la rodeaban la presionaban para que renunciara. Decían que debíamos retirarnos y que los hombres estaban agotados tras tantas horas al pie de las murallas. Pero Juana, que en Orleans había **postergado** el asalto para que todos pudieran descansar y recuperarse, no quería ningún descanso esta vez.

Culebrina: arma de fuego ligera.
Ballesta: arco corto montado sobre una vara.
Postergar: aplazar.

Continuaba llamando al combate, gritando órdenes, pero sin embargo yo sabía bien que ella ya no creía. Algo en el tono de su voz la traicionó ese día, una especie de desaliento que me hizo temer que allí se terminaría su bella aventura. Hasta tal punto que, al día siguiente, monseñor el duque de Alençon, el duque de Bar y el conde de Clermont dieron la orden, en nombre del rey, de retirarse. No se recuperaría París.

Afortunadamente, Juana siempre supo poner al mal tiempo buena cara. Al día siguiente de este asalto fallido puedo asegurar que se sentía muy contenta de poder recogerse en la basílica de Saint-Denis, junto a las sepulturas de los reyes de Francia. Cuando descubrió el **yacente** del **condestable Du Guesclin,** a quien Carlos el Sabio quiso rendir honores otorgándole un lugar a su lado, Juana se acordó del pequeño anillo de oro que ella había enviado a Anne de Laval, su viuda. Hoy, me complace saber que ese día, bajo la bóveda de tan bello edificio, se cruzaron dos seres que, cada uno a su modo, consagraron su vida a salvar el reino de Francia combatiendo contra los ingleses. Este mismo día, Juana colgó en la abadía una armadura que había cogido a un soldado enemigo, capturado durante la batalla, para agradecer así a Dios que hubiera salvado su vida.

El rey fue rápidamente a Mehun-sur-Yèvre. En cuanto a mí, acompañé a mi hermana a Bourges, donde permanecimos dos o tres semanas, ya no lo sé. Recuerdo que un clérigo se esforzó en enseñarnos los **rudimentos** de la lectura y la escritura. No sabría decir si Juana, que había aprendido a firmar con su nombre anteriormente, continuó después con el aprendizaje. En mi caso, han sido necesarios muchos años para aprender un poco de este difícil arte. Todavía hoy me cuesta escribir estas líneas y si empiezo a entrever el final de la tarea que me he asignado es que, desgraciadamente, la carrera de Juana en este mundo ha llegado a su fin.

Nosotros habríamos continuado combatiendo, pero el tiempo de las grandes aventuras había pasado. El rey sólo

Yacente: escultura que representa a un muerto estirado.
Condestable: jefe de la armada.
Du Guesclin: guerrero (h. 1320-1380) de Carlos V, famoso por su obstinada lucha contra los ingleses.
Rudimento: conocimiento elemental.

encargaba a mi hermana operaciones **menores**. En Saint-Pierre-le-Moûtier, obtuvo un nuevo éxito; sin embargo, en La-Charité-sur-Loire no pudo tomar la ciudad que Perrinet Gressart defendía. Y después llegó el invierno. Un invierno muy largo, ya que Juana se **enfurruñaba** por la inactividad del castillo de Sully-sur-Loire, o un invierno muy corto, si pensamos que estaba viviendo sus últimas semanas de libertad. Hoy me estremezco cuando pienso que esperábamos la primavera con impaciencia…

El ennoblecimiento por parte del rey de mi hermana y toda nuestra familia fue poco consuelo por tan larga espera. Semejante honor es algo raro, pero se parecía demasiado a un simple agradecimiento. ¿Acaso trataba de insinuar que la misión de Juana terminaba aquí?

Cuando por fin pudimos retomar la lucha, tuvimos que admitir que el ejército del que disponía era bien escaso: no más de tres o cuatrocientos combatientes. ¿Qué podíamos hacer con esos efectivos? Sin embargo, Juana no se planteaba este tipo de consideraciones. Los ingleses se encontraban en territorio francés, así que la guerra debía continuar a toda costa.

Menor: de poca importancia.
Enfurruñarse: enfadarse.

En el mes de mayo sobrevino el terrible día. Habíamos salido de Compiègne para intentar atacar una posición fortificada vecina, que estaba en poder de los borgoñones. En pleno combate, cuando teníamos ventaja y podíamos esperar la victoria, nuestro adversario recibió

refuerzos y tuvimos que replegarnos. Juana, como de costumbre, cerraba la marcha. Mientras tanto los habitantes de Compiègne temían que el enemigo, que nos obligaba a retirarnos, entrara en la ciudad para perseguirnos y para **guarecerse**, izaron el puente levadizo. Ya no teníamos escapatoria. Nos encontramos a merced de un adversario que nos superaba en número y que ahora nos rodeaba. Oí claramente cómo un borgoñón gritaba a Juana:

—¡Rendíos y **juradme lealtad!**

Juana se negó respondiendo:

—He prometido y jurado lealtad a otro y no a vos, y mantendré mi juramento.

En ese momento un arquero la derribó del caballo estirándola de su túnica de brocado de oro y Juana cayó al suelo. Espoleé a mi caballo para intentar ayudarla, pero antes de entender lo que estaba pasando recibí un golpe que me hizo caer a mí también. Nos hicieron prisioneros.

Guarecer: refugiar.
Jurar lealtad: comprometerse por un juramento, mantenerse fiel.

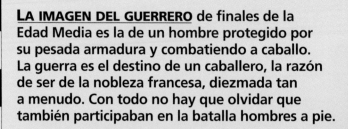

LA IMAGEN DEL GUERRERO de finales de la Edad Media es la de un hombre protegido por su pesada armadura y combatiendo a caballo. La guerra es el destino de un caballero, la razón de ser de la nobleza francesa, diezmada tan a menudo. Con todo no hay que olvidar que también participaban en la batalla hombres a pie.

¿La armadura de Juana?
¿Se trata de la armadura cincelada para Juana antes de la expedición a Orleans?

Nada es totalmente seguro. Sin embargo, sabemos que la joven doncella medía un poco menos de 1,60 metros.

¿La armadura de Juana?

Los diferentes elementos de la armadura

> **❝Nosotros habríamos continuado combatiendo, pero el tiempo de las grandes aventuras había pasado. ❞**

Protección

La armadura del siglo XV es el resultado de una larga evolución que demuestra los progresos de la metalurgia. La disposición de las diferentes piezas articuladas recubre totalmente el cuerpo del combatiente que va a caballo. Sin embargo, esta protección, cuyas junturas son los únicos puntos débiles, tenía un inconveniente: el peso de la armadura obstaculizaba los movimientos del guerrero que, en caso de caer al suelo, tendría serias dificultades para moverse.

La batalla

Los combatientes, invisibles bajo sus armaduras, necesitaban signos de reconocimiento. El blasón ejercía la función de identificar. En esta batalla sólo se representan las armas de dos monarquías, la francesa (los lirios) y la inglesa (los leones). Los guerreros también utilizaban gritos para distinguirse. El del rey de Francia era: «¡Montjoie Saint-Denis!».

Batalla entre caballeros ingleses y franceses

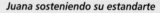
Juana sosteniendo su estandarte

Juana a caballo

Juana era una excelente amazona y dispuso de varios caballos durante su corta carrera militar: cinco corceles para la batalla y siete trotones utilizados por su entorno.

Juana, a partir del siglo XV, fue representada a menudo sobre su montura

El estandarte de Juana

Juana lleva la armadura y sostiene su espada con la mano derecha. Su estandarte se explica según la descripción que ella hizo: lleva los nombres «Jesús María» y una representación de Cristo bendiciendo la flor de lis que sostiene un ángel.

De la prisión a la hoguera

El autor de nuestra **derrota** se llamaba Lionel de Wandonne. Este guerrero envejecido bajo la armadura, **lisiado** y con el rostro desfigurado por los combates, era el lugarteniente de **Jean de Luxemburgo** y, en consecuencia, nos convertimos en sus prisioneros. La alegría de nuestros vencedores se correspondía con el valor de su captura. Primero nos condujeron, bajo estrecha vigilancia, a la fortaleza de Clairoix, y después a un castillo fuertemente fortificado en Beaulieu-lès-Fontaines. Tuvimos que resignarnos al doloroso aprendizaje del cautiverio y no pude volver a ver más a mi pobre Juana. A veces, un guardián con menos **celo** o más provisto de caridad cristiana aceptaba darme algunas noticias de ella: de este modo supe que la habían llevado a Noyon, con los duques de Borgoña. Ignoraba cuál era el motivo, pero cierto tiempo después de su regreso oí un ruido tras mi puerta y unos gritos seguidos de una persecución. Más tarde me explicaron que Juana consiguió encerrar a sus guardianes y que después intentó abrir la puerta de mi celda antes de que la atraparan. Sonreiría con gusto ante esta evasión fallida que demostraba una vez más el coraje de mi hermana, si no hubiera sido la última señal

Derrota: fracaso total.
Lisiado: privado de la utilización de uno de sus miembros.
Jean de Luxemburgo: vasallo del rey de Inglaterra, cercano al duque de Borgoña.
Celo: muy respetuoso con el reglamento.

de su presencia cerca de mí. Llevaron a Juana al castillo de Beaurevoir y nunca más podría abrazarla. Los meses siguientes fueron los peores que he vivido. Me **pudría** sin ver más claridad del día que un rayo de luz que atravesaba una **aspillera**, y obtenía escasas informaciones sobre la suerte de Juana. Las pocas noticias que recibía me sumergían cada vez más en un temor mayor. Supe que intentó fugarse de nuevo saltando de la torre en la que estaba encerrada. Supongo que ella sabía que pronto la entregarían a los ingleses a cambio de un importante rescate. Por desgracia resultó herida e inmediatamente la retuvieron de nuevo.

Pudrirse: permanecer inactivo en un lugar desagradable.
Aspillera: apertura estrecha en una muralla.
Escarnio: burla, sarcasmo.
Ignominia: deshonor.
Errar contra la fe: equivocarse en materia de religión.

Todo el mundo sabe lo que pasó después: Juana fue conducida a Rouen y encerrada en la torre Couronnée de la fortaleza de Bouvreuil, con los pies encadenados y custodiada por unos soldados que la cubrían de **escarnios** e insultos. Así era la **ignominia** de los hombres que pensaban juzgarla por hereje y que la retenían como a un prisionero de guerra, cuando hubiera sido de justicia que Juana fuera custodiada por mujeres en la cárcel del arzobispo.

¡Desgraciado seas, obispo Cauchon, que te encargaste de este inicuo proceso! Mi hermana fue interrogada durante semanas, primero en la capilla y después en su celda. Durante horas, tuvo que responder a preguntas que no tenían otro objeto que demostrar que ella **erraba contra la fe**.

Decenas de doctores acosaban así a la pequeña campesina de Domremy, sin tener en cuenta ni su cansancio ni la enfermedad que la abatían hasta el punto de que se temía por su vida. Pero Juana siempre mantuvo el sentido de la réplica. Cuando Jean Baupère le preguntó:

—¿Sabéis si estáis en gracia con Dios? —ella respondió:

—Si no lo estoy, que Dios me tenga en su gracia y si lo estoy que Dios me mantenga.

Es una buena respuesta, que dejó estupefactos incluso a sus jueces, pero ¿se puede vencer en un proceso cuya resolución ya está determinada de antemano? Para colmo de la ignominia, sus jueces, según lo que se dice, habrían nombrado a un hombre que fingía ser partidario de nuestro rey

Carlos para ganarse la simpatía de Juana. Semejante malicia es enemiga de la justicia y la equidad.

El 24 de mayo, Juana fue conducida por las calles de Rouen hasta el cementerio de Saint-Ouen. Había allí una gran multitud que murmuraba frente a la hoguera que se había erigido. El verdugo estaba preparado para cumplir su trabajo.

Un doctor en teología pronunció entonces un sermón con una violencia inusual. Parece que Juana no lo escuchó apenas porque de repente aquél exclamó:

—Juana, es a ti a quien hablo y te digo que tu rey es un hereje y un **cismático.**

Juana, recuperando su espíritu, le contestó:

—A fe mía, Señor, con todos mis respetos, oso deciros y jurar, so pena de mi vida, que es el más noble cristiano de todos los cristianos y que ama la fe y la Iglesia y no es como vos decís.

—¡Hacedla callar! ¡Hacedla callar!

Cauchon retomó entonces la lectura de la **sentencia** al final de la cual Juana sería entregada a los ingleses. En ese dramático instante se reunieron alrededor de ella varios hombres para suplicarle que renunciara:

—**Retráctate** o te quemarán.

Creo que, por primera vez, mi hermana sintió miedo. Admitió todo lo que quisieron: que había pecado al llevar

Cismático: causante de división en el seno de la Iglesia.
Sentencia: decisión del tribunal.
Retractar: revocar lo que se ha dicho anteriormente. Juana tuvo que renegar de los errores que se le adjudicaban.

ropas de hombre, que había sido **idolatrada**, que era cismática y que había deseado verter sangre humana. Curiosamente, reía. Esa risa, a pesar de no haberla oído, todavía hoy me persigue. ¿Expresaba el temor de Juana ante la **algarabía** de los ingleses que gritaban decepcionados? ¿Acaso era el alivio de haber escapado a la muerte? Sé que mi pobre hermana firmó con una cruz esta **abjuración**. Aunque sabía escribir su nombre, tenía la costumbre, desde la época de la guerra, de marcar con una cruz los mensajes que no quería que se tuvieran en cuenta. Me pregunto si no quiso utilizar por última vez esta artimaña y ello era el motivo de su risa. Sin embargo, Cauchon pronunció la sentencia:

—Finalmente te condenamos a cadena **perpetua**, a **pan y agua**, a fin de que llores por tus faltas y no cometas otras que hagan llorar a los demás.

Por desgracia, Juana no fue conducida a una prisión eclesiástica común como exigía la sentencia en un principio: la devolvieron de nuevo a la cárcel inglesa.

—Monseñor, no os preocupéis, ya la atraparemos murmuró Cauchon al conde de Warwick, preocupado por ver a Juana escapar de la muerte.

Tenía razón. Mi hermana tuvo que ponerse de nuevo las ropas de hombre, creo que fue lo único que los ingleses dejaron a su disposición, y enseguida declaró que su abjuración era una mentira.

Idolatrar: que rinde culto a los ídolos.
Algarabía: grito encolerizado.
Abjurar: renunciar, renegar de los errores.
Perpetua: de por vida.
Pan y agua: condena en la que el reo sólo se alimenta de pan y agua.

Al ser declarada **reincidente**, Juana estaba perdida. La mañana del 30 de mayo le anunciaron que ese mismo día sería quemada. Sé que en ese momento sintió pavor, gritaba y se arrancaba los cabellos.

—¡Qué desgracia! Me tratan de una manera tan horrible y cruel que es necesario que mi cuerpo, puro por completo, que jamás ha sido corrompido, sea hoy consumido y convertido en cenizas. Preferiría ser decapitada siete veces antes que ser quemada. Apelo a Dios, el Gran Juez, por los grandes daños físicos y morales de que he sido objeto.

Algunos instantes después apareció Cauchon.

—Obispo, muero por vos —dijo ella.

—Calmaos Juana, morís porque no habéis mantenido vuestra promesa y habéis vuelto a vuestro primer **maleficio**.

Reincidente: que ha vuelto a cometer la misma falta.
Maleficio: mala acción, crimen.

—Si me hubiérais encarcelado en una prisión eclesiástica, si me hubiérais entregado a los representantes eclesiásticos competentes y convenientes, esto no habría pasado, por ello apelo a Dios.

Siento un gran dolor y me tiembla el pulso cuando escribo estas últimas palabras, ya que cada una de ellas me hace insoportablemente actuales los sufrimientos de mi pobre Juana. Cada una de esas palabras me traspasa el corazón. Mi único consuelo es tener la firme certeza de que Juana está desde entonces en el paraíso.

Escoltada por un centenar de soldados por las calles de Rouen atestadas de gente, Juana fue llevada en una carreta hasta la plaza del Vieux-Marché. Los ciudadanos ocuparon los tejados para ver mejor a la condenada, cubierta con un largo vestido y envuelta con una **mitra** con las siguientes palabras: «Hereje, reincidente, **apóstata** e idólatra». Se pronunció un último sermón tras el que mi hermana se arrodilló, perdonó a sus enemigos y pidió que todos los presentes rezaran por ella.

Los hombres de la Iglesia se fueron de la plaza, abandonando a su víctima al poder **secular**. Los soldados cogieron a Juana y la condujeron hacia la hoguera que habían instalado sobre un estrado para que todos pudieran verla mejor. Un inglés tuvo la misericordia de hacerle una cruz con dos trozos de madera que ella conservó con sigo mientras la ataban al poste. También se le mostró una gran cruz de procesión, para que la besara. El verdugo la envolvió con haces de madera hasta la altura de su rostro y encendió la hoguera. El fuego se elevó y Juana gritó varias veces el nombre de Jesús antes de que su cabeza se inclinara: acababa de entregar el alma.

El verdugo separó los haces de madera para que todos vieran que había cumplido con su trabajo y después los apiló contra el cuerpo para que se terminara de consumir. A continuación, vertería las cenizas de Juana en el Sena.

Juana, mi querida hermana, eras honesta, sencilla y justa y te convirtieron en una hereje. ¿Cómo

Mitra: cofia alta.
Apóstata: que reniega de la fe cristiana.
Secular: laico, no religioso.

aceptar semejante sentencia? No ha pasado un solo día desde aquella siniestra fecha sin que tal injusticia no me atormente el corazón y el alma. Nunca supe perdonar como tú.

¿Sabes que nuestros enemigos Dios, tenga piedad de ellos, finalmente fueron vencidos? ¿Sabes que a veces representan un **misterio** en tu memoria y que cada año una procesión en tu honor recuerda la liberación de Orleans?

Misterio: en la Edad Media, obra de teatro que pone en escena temas religiosos.

Quiero acabar mi relato con las palabras que se han escrito para ti y que, si las hubieras podido escuchar, te habrían llenado los ojos de lágrimas:

«Y tú, bienaventurada Doncella, tan honrada por Dios, tú has desatado la cuerda que ataba a Francia. ¿Podrán ala-

barte lo suficiente, a ti, que has entregado la paz a esta tierra humillada por la guerra?»

LA JUSTICIA es diferente: además de la justicia real, que se afirma de año en año como la más importante, existía la justicia señorial y la eclesiástica. Un personal formado y competente atestiguaba los progresos del Estado de derecho.

La justicia real
Era la justicia, junto con el mantenimiento de la paz, la gran ocupación del rey. En la cima de la jerarquía judicial figuraba el Parlamento de París.

Decapitación

Magistrados y escribanos en el tribunal

❝Sin embargo Cauchon pronunció la sentencia.❞

La Inquisición
Los asuntos de herejía eran competencia de la Inquisición. Presidían el proceso dos jueces: el obispo y el inquisidor. Si el condenado era un impenitente o un reincidente era entregado al brazo secular y conducido a la hoguera.

Los castigos
La justicia preveía para los culpables todo un arsenal de penas que iban desde la amonestación honorable hasta la muerte por ahorcamiento o decapitación. Siempre podía intervenir en el proceso una gracia real.

Juana en la hoguera

Atada a un poste por el verdugo Geoffroy Thérage, que rodeó con gavillas a la condenada. Llevaba un vestido rojo, como el fuego que pronto la consumiría. Ante Juana, el obispo Cauchon señalaba a la víctima con la mano, este gesto bastaba para recordar que fue él quien dirigió los debates y cerró el caso. A un lado, el hermano Martin Ladvenu sostenía un crucifijo.

Interior de la torre del castillo de Bouvreuil

Carceleros ingleses piden perdón a Juana

La cárcel

La torre Couronnée del castillo de Bouvreuil ya no existe. La fotografía superior no muestra la celda en la que Juana estuvo encerrada durante meses, pero no debió ser muy diferente a esta. Estrechamente vigilada, la prisionera estaba permanentemente encadenada. Su presencia en una cárcel inglesa es sorprendente, ya que al ser juzgada por la Inquisición debería haber sido custodiada por mujeres en una cárcel eclesiástica.

Juana a través de la historia

Las fuentes

La epopeya de Juana de Arco ha tenido una enorme repercusión que, desde la liberación de Orleans, dio lugar a todo tipo de escritos: cartas pidiendo su intervención, poemas en su honor, crónicas que relatan los acontecimientos en los que tomó parte... La imagen se añade desde un principio al relato. Esta rica iconografía es más valiosa por su variedad, signo del renombre de la joven de Domremy, que por su exactitud ya que a menudo se insiste en representarla con largos vestidos y melena. Sobre todo son los dos procesos de Juana los que nos permiten ver al personaje. Los largos interrogatorios a los que se vio sometida restituyen la rectitud y sencillez de su palabra, y las investigaciones llevadas a cabo en Domremy nos aportan testimonios de quienes conocieron a Juana durante su infancia. Por último, las disposiciones de los que compartieron con ella su aventura y combatieron a su lado, acaban de rendir cuentas de los dos años durante los que se jugó su destino.

Juana ante Carlos VII
Ante el rey, cubierto con el manto de flores de lis, con el cetro en la mano, se adelanta la joven de Domremy. La audiencia de Juana con Carlos VII presenta aquí un carácter oficial, muy solemne y poco conforme con la realidad: la primera entrevista en Chinon tuvo lugar poco después del crepúsculo, en una sala iluminada por antorchas en la que el soberano se camuflaba entre sus cortesanos.

Juana según Juana

Su destino no acabó con la hoguera o con el proceso de 1456 que anulaba la sentencia de 1431, pues la Doncella de Orleans no abandonó las memorias. Sería muy largo enumerar todos los títulos (las páginas) que se le consagraron del siglo XIV al siglo XIX.

La historiografía sobre Juana se enriqueció, a principios de la III República, con un vivo debate que a veces rozó la polémica. En efecto, los republicanos no dudaron en alabar a una heroína que dedicó su vida a la defensa de la patria, pero los católicos no entendían por qué sus adversarios políticos acaparaban la memoria de una joven cristiana cuyo recuerdo, en su opinión, les pertenecía. Este torneo terminará con el epílogo de la canonización de Juana por parte del Papa Benedicto XV en 1920.

LA POSTURA DEL AUTOR

Hemos querido imaginar el relato que habría podido contar Pierre, uno de los hermanos de Juana. Testigo privilegiado, compartió la infancia de la joven antes de participar en su periplo militar hasta su captura en Compiègne. Él también sufrió entonces la prueba del encarcelamiento antes de ser finalmente liberado mediante el pago de un rescate. Seguimos sus pasos en Orleans: allí tomó en arrendamiento un cortijo de los alrededores, en Saint-Aignan de Sandillon y adquirió una mansión en la calle Africains. Es poco probable que Pierre supiera escribir, pero es inevitable pensar que siempre volvió a sus recuerdos durante los muchos años que pasó en el Loira, ya que la aventura fue extraordinaria y él la vivió.

Alrededor de un año después de este relato que le hemos prestado, su hijo Jean se casó, el 18 de julio de 1457. En cuanto a Isabelle Romée, murió al lado de Pierre el 28 de noviembre de 1458, siendo casi octogenaria.

El retrato de Juana
Un escribano del parlamento de París garabateó en el margen del registro en el que trabajaba un supuesto retrato de la Doncella. No la conocía personalmente, pero acababa de enterarse de su primer éxito militar. Se trata de la representación más antigua conocida de Juana y ya en ella vemos que la espada y el estandarte se imponen como los atributos esenciales de la joven aldeana.

Nacional de Francia, París. Archivos Gallimard; in: Cetro de Carlos V, coronado por una estatua de Carlomagno, Departamento de objetos de arte, museo del Louvre, París. © RMN.

99 si: Sainte-Chapelle, París. © Corbis/R. Holmes; in: Catedral de Reims © Corbis/Almasy; d: Basílica de Saint-Denis. © Corbis/R. Holmes.

110 i: Eneas cuelga la armadura de Mezencio en un árbol, 1469, Biblioteca Nacional de Francia, París. © Bridgeman-Giraudon; c: Armadura del siglo xv. © Corbis-Sygma/P. Durand. Woolfitt.

111 s: Batalla entre los franceses y los ingleses, *Crónicas de Francia e Inglaterra* por D. Aubert, Biblioteca del Arsenal, París. © J. Vigne; ini: *Juana de Arco con armadura a caballo*, museo Dobrée, Nantes. © Mágnum/E. Lessing; ind: Retrato de Juana de Arco llevando el estandarte, siglo xv,

Archivos nacionales, París. © J. Vigne.

122 c: Magistrados y escribanos en el tribunal, *El libro de gobierno de los príncipes*, G. de Rome, Biblioteca del Arsenal, París © J. Vigne; B: Ejecución de prisioneros, crónicas de E. de Monstrelet, Biblioteca Nacional de Francia, París. © Bridgeman-Giraudon.

123: Juana en la hoguera, *Los vigilantes de Carlos VII*, Biblioteca Nacional de Francia, París. © Mágnum/E. Lessing, c: Torre del castillo de Bouvreuil. © Corbis/A. Woolfitt; in: Juana y sus carceleros, castillo de Plessis Bourré. © J. Vigne.

124: Juana ante Carlos VII © Biblioteca nacional. Archivos Gallimard.

125: Registro del Parlamento de París, 1429, Juana de Arco, Archivos Nacionales © J. Vigne.

AGRADECIMIENTOS

Queremos agradecer a Marie-Véronique Clin por su lectura, atenta y juiciosa, de este relato.

DE LA MISMA COLECCIÓN:

Tras los pasos...

del rey Arturo - de los dioses de Egipto - de los Piratas - de los Vikingos -
de Marco Polo - de Cristóbal Colón - de Charles Darwin - de Leonardo da Vinci -
de los Árabes y el islam - de Cleopatra - de los Esclavos - de los dioses griegos -
de Jesús - de Napoleón • de Juana de Arco • del Buda